Dein magisches Quartett zur harmonischen Selbstliebe

ERKENNE DICH SELBST
SICH SELBST LIEBEN LERNEN
SELBSTERKENNTNIS IST DER PROBLEMLÖSER
SELBSTLIEBE

All-in-One Publishing

1. Auflage

ISBN: 978-1070481739

Inhaltsverzeichnis

ERKENNE DICH SELBST

SELBSTERKENNTNIS ALS SCHLÜSSEL ZU GLÜCK UND TIEFSTER ERFÜLLUNG

Kapitel 1

Erkenne Dich selbst – Schnickschnack oder Bereicherung?

Es ist schon merkwürdig, wie viel wir über Bits und Bytes wissen, über Hochhäuser und Dieselmotoren, über Fadenwürmer und Dinosaurier, über Ibiza und den Amazonas. Viele deutsche Wissenschaftler haben bahnbrechende Erfindungen gemacht, viele deutsche Unternehmen sind weltweit erfolgreich, viele deutsche Schriftsteller haben mit ihren Worten tiefe Spuren hinterlassen. Wir wissen viel und investieren viel, um noch mehr zu wissen. Dabei vergessen wir oft, wie wichtig es ist, mehr über uns selbst zu erfahren.

Wann fragst Du Dich ernsthaft, was Dich eigentlich ausmacht? Und warum Du an dem Punkt bist, an dem

Du gerade bist? Oder was Dich als Mensch liebenswert und bewundernswert macht? Fragst Du Dich, wo Deine Schwächen und inneren Abgründe liegen? Und wie ein anderes Leben aussehen könnte? Hast Du Dir irgendwann einmal Gedanken gemacht, warum Du Dich so selten und vielleicht auch so ungern mit Dir selbst beschäftigst? Oder nur dann, wenn Du Erfolge vorweisen kannst und gerade glücklich bist?

Wir beschäftigen uns so selten mit uns selbst, weil wir häufig einfach nicht gelernt haben, wie das geht. Wenn überhaupt, wird das Thema gerne ins Esoterische gezogen, dabei ist kaum etwas realer als wir selbst. Uns hat niemand beigebracht: „Setzt Dich an Deinen Lieblingsplatz, stell Dein Handy aus und lass Deine Gedanken kommen und gehen." Nein, wir haben gelernt, wie man mit dem Fahrrad fährt, Englisch spricht oder den Satz des Pythagoras anwendet und wieder vergisst. Aber wir haben nie gelernt, uns mit uns selbst zu beschäftigen. Dabei ist das der Schlüssel zur Selbsterkenntnis.

Andere beurteilen wir gerne, ihre Eigenschaften, Stärken und Schwächen. Uns selbst zu erkennen fällt uns ungleich schwerer. Verständlich, denn wir können auch schlecht objektiv über uns urteilen. Jede Einschätzung über uns selbst ist naturgemäß subjektiv gefärbt. Jede negative Beurteilung und jede Schwäche könnte wehtun. Selbstreflexion ist jedoch die Voraussetzung für Weiterentwicklung. Nur wer eigene Defizite ausmacht und an seiner Selbsterkenntnis arbeitet, kann sich auch in andere Menschen einfühlen und bereichernde Beziehungen knüpfen, privat und beruflich.

KAPITEL 2

Wer bin ich? Schreibe Deine eigene Geschichte

Wenn Du mehr über Dich erfahren möchtest, fang einfach da an, wo für Dich alles anfing, nämlich bei Deiner Geburt. Schreibe Deine eigene Geschichte auf. Du kannst sie auch diktieren. Ganz gleich wie, erzähle Dein Leben, von Anfang bis heute. Jedes Detail, das Dir dabei einfällt, ist wichtig. Jede Begebenheit stellte die Weichen für den nächsten Schritt. Auf diese Weise werden uns häufig erst viele Zusammenhänge und Wendungen klar.

Von der Geburt bis zum Teenager

- Beschreibe Dein Gefühl, wenn Du an Deine Kindheit denkst.

- Woran erinnerst Du Dich in Deinen ersten Jahren am liebsten? Welche Erinnerung erfüllt Dich mit Glück?
- Woran denkst Du in Deinen Kindheitsjahren am wenigsten gern? Und warum?
- Welche Personen fallen Dir ein? Mit welchem Gefühl?
- Welche Rolle hast Du in Deiner Familie, in Deinem Freundeskreis und in der Schule eingenommen?
- Wovor hattest Du Angst?
- Wie hieß Dein bester Kumpel, Deine beste Freundin und was hast Du mit ihm/ihr erlebt?
- Wovon träumtest Du in Deiner Kindheit? Was hast Du am liebsten gespielt?
- Wie war Deine Zeit in Kindergarten und Schule?
- Hattest Du Angst vor dem Weihnachtsmann und der Zahnfee?
- Wann hattest Du Deinen ersten Freund, Deine erste Freundin?
- Wie verliefen die ersten Partys ab? Warst Du eher die graue Maus oder der Partystar?

- Wie hast Du Dir als Kind Dein Leben als Erwachsener vorgestellt?
- Was hättest Du am Ende Deiner Kinder- und Teenagerzeit im Nachhinein gerne anders gemacht?

Vom Ende der Schulzeit, Deinem Studium, Deiner Berufswahl

- Wie war Dein Gefühl am Ende Deiner Schulzeit: bedauernd, ängstlich, erwartungsvoll, aufgeregt?
- Wie hattest Du Dir Deinen weiteren beruflichen Weg vorgestellt?
- War Deine Berufswahl Deine eigene Entscheidung?
- War ein Studium oder ein anderer Beruf eine Option?
- Welche Erinnerung hast Du an den Wechsel von der Schule zu Studium oder Beruf?
- Wie hast Du Deine Kollegen und Kommilitonen empfunden?
- Wolltest Du Familie haben oder war Dir Karriere wichtiger?

- Hattest Du irgendwann das Gefühl, falsch abgebogen zu sein?

Von Deinem Berufs- und Familienleben, Karriere bis zur Lebensmitte

- Wie hat sich Dein Berufsleben entwickelt? Haben sich Deine Wünsche erfüllt? Warst Du unter- oder überfordert?

- Beschreibe Dein Verhältnis zu Kollegen und Vorgesetzten.

- Was hättest Du Dir gerne in Deinem Berufsleben anders gewünscht?

- Wie entwickelte sich Dein Familienleben?

- Passten Familie und Beruf so zusammen, wie Du es wolltest?

- Wie stellst Du Dir Dein zukünftiges Leben vor, beruflich und privat?

Lass die Gedanken und Empfindungen einfach fließen. Wichtig sind gerade die Erkenntnisse zwischen den Zahlen, Daten und Fakten. Eben das, was plötzlich klar wird, wenn Du Deine Geschichte aufschreibst. Da können Gedanken vorbei kommen, die Dir noch nie bewusst wurden, z. B. wenn Du Deine Karriere beschreibst. Fragst Du Dich vielleicht plötzlich, ob es das wirklich wert war? Oder wie dankbar Du bist, dass Deine Eltern Dich so liebevoll unterstützt haben, auch wenn es nicht immer gerade einfach mit Dir war? Kommen plötzlich Gedanken an die erste Liebe hoch? Oder an das Scheitern der Beziehung? Lass die Gedanken kommen und gehen. Und die Gefühle auch.

Kapitel 3

Über den Tellerrand oder Fantasiereise in eigener Sache

Wenn man über sich selbst nachdenkt, kommen häufig Fragen tief im Inneren hoch, die so abstrakt wie dringlich sind: Was wird eigentlich sein, wenn ich irgendwann sterbe? Bin ich dann einfach weg, verpufft wie eine Gaswolke? Oder gibt es doch eine Welt nach dem Tod? Und wo komme ich eigentlich her? Gab es mich vielleicht schon früher in einem anderen Leben? Wenn ja, in welcher Rolle?

Mach ein Experiment: Erzähle Dein Leben vor Deinem heutigen Dasein und das Leben nach Heute. Wie stellst Du es Dir vor? Wer oder was warst Du früher und wie wird es sein in einer anderen Welt? So abstrakt es jetzt klingen mag, bringt diese Übung doch verdeckte Wünsche und Ziele ans Licht. Wen solltest Du schon fragen müssen, wenn Du für Dich allein von Vergangenheit und Zukunft träumst. Raumschiff Enterprise in eigener Sache eben. Beame Dich aktiv in andere Zeiten und Welten. Rege Deine Fantasie an und spiele Situationen durch, die Dir durch den Kopf schießen.

Interessant ist dabei, wo und wie Du Dich siehst. Was betrachtest Du als lohnend, was hat für Dich einen höheren Sinn? Lass die Gedanken einfach kommen und ziehen.

KAPITEL 4

Entscheide Dich oder warum „Nein sagen“ so wichtig ist

Wenn Du Deine Geschichte aufschreibst, erkennst Du immer wieder Abzweigungen, an denen Du einen bestimmten Weg eingeschlagen hast. Im Nachhinein kommen Dir vielleicht Zweifel darüber. War die eine oder andere falsch gestellte Weiche dabei? Wenn Du das Gefühl hast, frag Dich, weshalb Du gerade diesen Weg genommen hast?

Das kann dann so aussehen: Warum bist Du von der Grundschule auf das Gymnasium gewechselt und nicht auf die Realschule? Vielleicht hattest Du von Anfang an ein ungutes Gefühl. Aber Deine Eltern wollten stolz auf Dich sein. Also reichte ein Realschulabschluss für Dich nicht aus. Und außerdem sind die meisten Leute aus

Deiner Klasse ganz selbstverständlich auf das Gymnasium gewechselt. Da wolltest Du mithalten. Das kann ich auch, dachtest Du. Und hast es lange bereut, denn die Zeit bis zum Abitur wurde zur Qual. Oder?

Wirf einen intensiven Blick auf Deine Berufswahl. Warum hast Du vielleicht Konditor gelernt und das Café Deiner Eltern übernommen? Sind Torten und Gastronomie Deine Leidenschaft? Oder war es eher der Tradition geschuldet? In Wirklichkeit wärst Du viel lieber Musiker geworden, aber Deine Eltern brauchten einen Nachfolger für Ihr Lebenswerk. Dem nachgegeben zu haben, bereust Du immer häufiger. Oder?

Nein zu sagen, ist oft unbequem, aber für den weiteren Lebensweg und die eigene Zufriedenheit sehr wichtig. „Erst im Unglück weiß man wahrhaft, wer man ist“, schrieb Stefan Zweig. Und tatsächlich: Gerade an schlechten Tagen oder in kritischen Situationen erkennt man viel Wahres in sich. Wer extremen Stress erlebt und wegweisende Entscheidungen zu treffen hat, zeigt sich schneller ohne Schminke und Maske, als ihm lieb ist. Wer deshalb Angst vor kritischen Phasen und der damit verbundenen Selbsterkenntnis zeigt, erkennt nicht die enormen Chancen darin:

- Du erkennst, wie stark Du wirklich bist.
- Du erkennst den Handlungsbedarf hinsichtlich Deiner Schwächen.

- Du trainierst Deine Widerstandskraft und innere Stärke.
- Du bekommst mehr Selbstbewusstsein und wirst selbstkritischer.
- Du wirst souveräner und lässt Dich weniger leicht beeinflussen.

Nur wer sich bewusst gegen etwas entscheidet, kann sich bewusst für etwas entscheiden.

KAPITEL 5

Selbsterkenntnis im Dauerabo oder was „Ja sagen“ in Dir bewirkt

„Wenn Du Ja sagst, dann sei Dir sicher, dass Du nicht Nein zu Dir selbst sagst“, formulierte Paul Coelho, einer der größten Schriftsteller unserer Zeit.

Kennst Du das Gefühl, dass alle anderen mehr erreichen, mehr Glück haben und ihnen einfach alles in den Schoß fällt? Hast Du häufig den Eindruck, dass Du auf der Schattenseite stehst und die anderen gegenüber? Ein Gefühl, das jeder einmal hat. Wir alle kennen Tage mit Tiefgang. Wenn Du aber diese „schattigen Tage“ des Öfteren erlebst, tust Du gut daran, Deine Emotionen zu hinterfragen. Sagst Du vielleicht nicht oft genug „Ja“. „Ja“ zu Deinen Chancen, zu Abzweigungen und neuen Weichenstellungen? Risikomanagement nennt man das im Businessdeutsch. Was nichts anderes bedeutet als die Bereitschaft, Änderungen offen gegenüberzustehen und bewusst etwas zu wagen. Nur wer nicht dauerhaft auf Nummer sicher geht, sondern sich Neuem öffnet, lernt sich selbst kennen. Das ist genauso wichtig, wie im rechten Moment „Nein“ sagen zu können. Wann der richtige Moment für das eine oder andere ist, darin macht jeder von uns seine eigenen Erfahrungen.

Leider gibt es immer wieder Menschen, die sich jedem noch so kleinen Abenteuer verschließen, und sei es nur ein Umzug oder ein Berufswechsel. Gehörst Du zu diesen wenig risikofreudigen Menschen? Dann verpasst Du, Dich in neuen und oft sehr spannenden Situationen kennenzulernen. Du kennst diese Seite von Dir kaum und vermeidest deshalb immer wieder, im passenden Moment „Ja“ zu sagen. Es gibt so viele Möglichkeiten dazu - kleine und große. Trainiere Deine Offenheit! Worauf wartest Du?

- Du wolltest schon immer Lissabon, Stockholm oder Paris kennenlernen? Traust Dich alleine aber nicht?

- Deine heimliche Liebe weiß immer noch nichts von Deinen Gefühlen und Du weißt nicht, wie Du es sagen sollst?

- •Du Dir einfach mal auszubrechen, ganz anders zu leben und auf Dich gestellt zu sein?

- Kitesurfen und Drachenfliegen faszinieren Dich schon immer, bisher aber nur als Zuschauer?
- Du findest, Du verdienst längst eine Gehaltserhöhung, doch wie sagst Du es Deinem Chef?
- Eigentlich wolltest Du beruflich schon immer etwas anderes mache und bist in Deinen jetzigen Job „nur so reingerutscht"?
- Mit Deinen Eltern hast Du schon lange keinen Kontakt mehr, vermisst sie aber sehr?

Was auch immer es ist, was Dich hindert, stell Dich der Situation. Frag Dich, wie der Worst Case aussehen würde? Was könnte schlimmstenfalls geschehen? Gut, Du könntest bei Deiner Liebe und Deinem Chef stottern oder abgewiesen werden. Du könntest während Deiner Traumreise enttäuscht von der Landschaft und den Menschen sein, bestohlen werden oder das Flugzeug verpassen. Dir könnte beim Kitesurfen übel werden und beim Drachenfliegen bekommst Du vielleicht eine Panikattacke. Deine Eltern würden Dich womöglich rauswerfen und die Probezeit in einem anderen Job könntest Du vielleicht gar nicht überstehen. Und was tust Du, wenn Du beim „auf Dich gestellt sein" nicht klarkommst und die falsche Abzweigung nimmst?

Ja, so kann es laufen. Muss es aber nicht.

Vielleicht wartet Deine große Liebe nur auf Dein Signal und Dein Chef auf einen selbstbewussten Schritt von Dir. Deine Traumreise könnte Dein Glück und Kitesurfen fantastisch werden. Deine Eltern würden sich so freuen, wie sich alle Eltern auf ihre Kinder freuen, nämlich „wie Bolle". Und wenn Du das Risiko eingehen würdest, auf Dich selbst gestellt zu sein, könntest Du ganz neue Seiten an Dir entdecken, ob in einem anderen Job oder in jeder unbekannten Situation.

Sag öfters „Ja". Du wirst so viel über Dich erfahren. Selbsterkenntnis im Dauerabonnement sozusagen.

Kapitel 6

Wissen ist Macht oder wie kommt das Ei in die Flasche?

Wieso? Weshalb? Warum? Garantiert fast jeder kennt das Startlied der Sesamstraße mit „Wieso? Weshalb? Warum? Wer nichts lernt, bleibt dumm“. Es machte schon zu Beginn der Sendung neugierig auf das, was Inhalt sein würde und war millionenfach Startsignal für die Zeit zum Lernen, Lachen und Miteinander diskutieren. Die Sendung machte einfach Lust darauf, das eine oder andere selbst auszuprobieren. Wie kommt das Ei in die Flasche? Oder warum sind in Schweden die meisten Häuser rot? Und wie fährt ein Auto eigentlich?

Wissen ist Macht. Dieser Ausspruch wird Francis Bacon zugeordnet, der im 16./17. Jahrhundert gelebt hat. Wie Recht er gerade im 21. Jahrhundert damit haben würde, konnte er damals sicher nicht wissen. Wie sollte er auch ahnen, dass eine der bahnbrechendsten Erfindungen nach dem Fernsehen die des Internets sein würde? Und, dass durch diese Erfindung die meisten Menschen jederzeit an Bildung und unzählige Informationen außerhalb des Schulsystems gelangen können. Das Internet hat unsere Welt verändert. Und uns. Wer interessiert alles ausprobiert, was ihm gerade in den Weg fällt, lernt sich von seiner kindlich-neugierigen Seite kennen. Und entwickelt zugleich seine Fähigkeiten: Solche, die er bereits kennt, aber noch unterentwickelt sind, und solche, die ihm bisher noch gar nicht bewusst waren.

Du bist nicht gerade kreativ, schon gar nicht sprachbegabt, kannst nicht backen und hast sowieso zwei linke Hände? Genau das ist es, was Dich ausbremst und Dich im Kreis laufen lässt. Probiere es doch aus. Wetten, dass auch bei Dir der Hefeteig gelingt und das Ei in die Flasche passt, wenn Du weißt, wie?

Kapitel 7

Selbstbild versus Fremdbild oder die falsche Sicht der Dinge

Stell Dir vor, Du lernst jemanden kennen und möchtest dieser Person beschreiben, wer Du bist. Wie schilderst Du ...:

- Dein Leben,
- was Du liebst,
- was Du gut kannst und weniger gut,
- was Du gern magst und was Du hasst,
- mit welchen Menschen Du am liebsten zusammen bist und mit welchen nicht,
- was Du noch alles erleben und erreichen willst?

Beschreibe Dich und Dein Leben am besten schriftlich, jetzt sofort. Nein, kein Lebenslauf, sondern Deine persönlichen Gefühle und Gedanken. Und dann bitte eine gute Freundin, einen guten Freund, Dich ebenso zu beschreiben. Wie sieht Dich eine enge und vertraute Person? Und wie sieht Dich eine entfernte Bekannte oder ein Kollege? In dieser Übung gibt es kein richtig oder falsch. Denn eines ist klar: Jeder sieht die Dinge durch seine ganz subjektive Brille. Wir sind alle unterschiedlich aufgewachsen, leben mit verschiedenen Glaubenssätzen und Träumen und haben ganz persönliche Werte. So nimmt jeder dieselben Dinge anders und ganz individuell gefärbt wahr. Es gibt keine objektive Bewertung, sondern lediglich eine subjektive Sicht. Schon aus diesem Grund solltest Du vorsichtig mit Vergleichen sein. Es gibt nicht nur das eine Selbstbild und das eine Fremdbild. Selbst Deine eigene Einschätzung variiert nach Tagesform. Mal ist sie positiv, mal mit kritischem Unterton.

Was also tun mit den unterschiedlichen Beschreibungen? Nutze sie zum Nachdenken, Entscheiden und Filtern. Wenn Deine Freundin Dich gar nicht so einfühlsam empfindet, wie Du Dich selbst einschätzt, heißt das nicht, dass Du es nicht bist. Vielleicht zeigst Du es aber weit weniger, als Du dachtest. Wenn Dein Kollege Dich als so gar nicht ausgeglichen empfindet, Du aber glaubtest, Du habest eine Ruhe wie eine Schildkröte, regt das zum Nachdenken an. Falls Du glaubst, Dir könnte handwerklich nichts gelingen und alle anderen Dich um

Deine selbst entworfene und gebaute Hollywoodschaukel beneiden, solltest Du etwas ändern.

Vielleicht resultiert Deine Einschätzung mehr aus Deinen Glaubenssätzen, als aus realistischer Betrachtung. Wer schon von Kindesbeinen an hört, was er alles nicht kann, glaubt das gerne. Und handelt so.

KAPITEL 8

Glaubenssätze oder schleichendes Gift für die Seele

Meinungen, Gedanken, Werte, Einschätzungen begleiten uns von Kindesbeinen an. Unsere Eltern, Großeltern, Kindergärtner, Lehrer und sonstige Menschen um uns herum vermitteln uns ihre Glaubenssätze und lassen diese zu unseren werden. Wir übernehmen sie, leben sie und hinterfragen nur selten. Und wenn, dann ganz zaghaft und häufig sehr spät. Das Resultat: Viele überlieferte Glaubenssätze werden zu selbsterfüllenden Prophezeiungen. Was je nach Glaubenssatz positive oder negative Wirkung haben kann.

Wer kennt sie nicht, die fest zementierten Meinungen:

- Dicke sind faul.
- Ausländer sind dreckig.
- Frauen können im Beruf nicht erfolgreich sein.
- Männer sind eben nicht treu.
- Studierte sind klug.
- Ärzte wissen alles.
- Frauen können nicht einparken.
- Blondinen sind blöd.
- Männer, die Elternzeit nehmen, sind Weicheier.
- Wer wirklich arbeiten will, findet auch Arbeit.
- ...

Überlieferte Meinungen und Werte beeinflussen alle Bereiche unseres Lebens. So gibt es Tests, dass Senioren, denen man gesagt hat, dass sie noch sehr fit seien, wesentlich weniger Unfälle haben, als die Gruppe der angeblich stark Unfallgefährdeten. Mädchen, die ihr Leben lang erzählt bekamen, dass Frauen keine Karriere machen können, sondern andere Stärken haben, versuchen meist gar nicht, erfolgreich zu sein. Und wenn doch, dann nur halbherzig.

Deine Eltern haben auch Dir nie etwas zugetraut? Du hast mehr Skepsis als Zuspruch erfahren? Dann wirst Du Dich vielleicht spätestens bei der nächsten schwierigen Situation selbst ins Abseits stellen. Du torpedierst Dich womöglich unbewusst mit den Gedanken „Das schaffe ich nie. Die wollen doch niemanden wie mich“ oder Ähnlichem. Verständlich, dass Du so nicht gerade selbstbewusst und vertrauenswürdig wirkst. Damit nimmst Du Dir selbst viel von Deinem Charisma. Und verbaust Dir so manche Chance.

Und das hat Folgen. Denn negative Gedanken konditionieren unser Gehirn regelrecht auf das, was wir nicht können. Wenn etwas dann wirklich nicht klappt, fühlen wir uns sofort in unserer Annahme bestätigt. Nach dem Motto: Siehste, ich hab es doch gleich gesagt. Ein Teufelskreis nimmt seinen Lauf.

Der Umgang mit Glaubenssätzen geht aber auch anders. Bei Schulkindern wurde festgestellt, dass sie erheblich engagierter und erfolgreicher sind, wenn die Lehrer und Eltern ihnen viel zutrauen und das auch kommunizieren. Die Kinder gehen mit Spaß und Selbstvertrauen an den Lernstoff und nutzen jede Chance, sich zu beteiligen.

Es liegt also auch an Dir selbst. Erkenne Deinen Anteil an dem, was passiert. Kennst Du z. B. den Glaubenssatz: „Du entscheidest selbst, worüber Du Dich ärgerst?“ So merkwürdig es auch zuerst klingt, wenn Du diesen Satz lebst und Dich wirklich nur ärgerst, wenn Du es zulässt, stehst Du ganz locker über vielen Dingen. Damit entstresst Du Situationen, in denen man gerne die Nerven verliert. Du gehst mit einer bewundernswerten Coolness durchs Leben und hast die Zügel fest in der Hand.

Hinterfrage Deine Glaubenssätze kritisch. Nutze solche, die Dich weiterbringen, und optimiere die weniger positiven.

Kapitel 9

Schwierige Untermieter oder vom Umgang mit inneren Kritikern

Wer sich mit den Glaubenssätzen auseinandersetzt, die ihm meist durch Dritte oder durch die Medien vermittelt wurden, der stößt auch schnell auf deren kleinen Bruder, unseren geheimen „Untermieter". Denn wir sind nie wirklich allein. Tröstlich zu wissen, aber oft auch hinderlich. „Er" ist immer da, unser innerer Kritiker. Ganz gleich, wie erfolgreich wir im Beruf, wie glücklich wir in der Partnerschaft oder wie ehrgeizig wir im Sport sind, unser innerer Kritiker sitzt im Hinterkopf und kratzt an unserem Selbstbewusstsein. Da sind die kleinen und großen spitzen Bemerkungen gespeichert, die uns schon von klein auf ziemlich wehgetan haben. „Die kann doch gar nicht rennen, die ist viel zu dick“, „Mann, ist der doof, der weiß ja gar nichts“, „Der ihr Vater ist ja nur bei der Müllabfuhr“, „Das kannst Du nicht, so was konnten Männer schon immer besser“, „Zum Studieren bist Du eben nicht klug genug“, „Du bist zu hässlich, das wollen Männer nicht“, „Du hast zwei linke Hände, das wird eh wieder nichts“ etc. Und ganz gleich, woher diese Spitzen kommen, sie wirken wie ein Sensor am Auto. Sobald es einen Auslöser gibt, fängt quasi unser Gehirn an, den Fundus an negativen Erinnerungen zu durchforsten und die gefundenen Assoziationen an den inneren Kritiker zu melden. Der reibt sich die Hände und legt los: „Du willst schwimmen gehen? Kugelfische sind im Schwimmbad verboten. Da werden nur wieder alle über Dich lachen.“ Und ratzfatz sind die Badesachen wieder ausgepackt und im Schrank verstaut. Aus der Traum. Und erst das neue Projekt, für das die Geschäftsführung noch einen Projektleiter sucht. Das wäre genau das Richtige, denkst Du. Dein innerer Kritiker winkt müde lächelnd ab: „Schon immer sagte Deine Mutter „So was willst Du machen?? Na, ich weiß nicht ...Du konntest doch früher schon nichts richtig machen. Hast Du das vergessen?“ Jetzt nicht mehr. Vielleicht hatte sie ja doch recht. Das ist eine Nummer zu groß, das können nur intelligente Leute!

Dein innerer Kritiker fühlt sich bei Dir wohl, solange Du ihm zuhörst. Jedes Mal, wenn einer dieser negativen Gedanken hochkocht, verfällst Du plötzlich in Lethargie. Deine Motivation, Deine Freude und Dein Ehrgeiz sind wie eingefroren. Du wurdest schließlich schon früher ausgelacht, hast vieles falsch gemacht oder warst zu langsam, zu dumm, zu unbeliebt. Wie konntest Du das nur vergessen? Wie war das damals? Und dann verfällst Du in Erinnerungen, die Dich unendlich Kraft kosten. Verschwendete Kraft und verschwendete Zeit.

Tritt Deinem inneren Kritiker entgegen und bremse ihn aus. Wie? Ganz einfach: Immer dann, wenn die selbstkritischen Gedanken kommen, hütest Du Dich davor, Dich mit ihnen zu beschäftigen. Stattdessen denkst Du konsequent an etwas Schönes. Falls das nicht ausreicht, hilft es, etwas zu tun, was Dir guttut. Ob Du leidenschaftlich gerne backst, in Blumenerde wühlst oder mit dem Mountainbike durch den Wald saust, Hauptsache es lenkt Dich von Deinen negativen Affirmationen ab.

KAPITEL 10

Raus aus der Routine oder was wäre wenn ...?

Wer nach Selbsterkenntnis strebt, fragt sich nach seinen Stärken und Schwächen, seinem Temperament oder seinen Bedürfnissen. Wer sich aber wirklich kennenlernen möchte, sollte Grenzen überschreiten. Raus aus der Komfortzone. Die eigene Sicherheitsgrenze übertreten. Erst dann erlebst Du wirklich, wie Deine Instinkte funktionieren, wozu Du fähig und wie stark Du wirklich bist. Hier ist nicht Deine körperliche Stärke gemeint, sondern Deine mentale.

Wenn Du Dich ausprobieren willst, brauchst Du nicht die Wüste Gobi zu durchqueren und auch nicht als Cowboy im Wilden Westen zu arbeiten.

Probiere Dich bei kleinen täglichen Grenzüberschreitungen aus:

- Fahre statt mit dem warmen und trockenen Auto öfter mit dem Fahrrad zur Arbeit.
- Unternimm einen viertägigen Städtetrip in eine Metropole mit 50 EUR. Kein Auto, keine Hotelbuchung. Einfach mal völlig auf sich selbst gestellt zu sein.
- Du hast nie schwimmen gelernt und hast Angst vor Wasser? Jetzt ist die ideale Gelegenheit, einen Schwimmkurs zu belegen.

Was machen diese neuen Wege mit Dir? Wie wirkt die fehlende Routine auf Dich? Verunsichert Dich das latente Risiko? Oder läufst Du zur Hochform auf? Häufig ist es so, dass gerade die fehlenden Leitplanken nach der ersten Verunsicherung sehr befreiend wirken. Plötzlich scheinen Träume wahr werden zu können. Eingebrannte Glaubenssätze verlieren zeitweise ebenso ihren Einfluss wie der fest installierte innere Kritiker. Du entdeckst neue Seiten ebenso wie neue Grenzen.

Akzeptiere den Wandel als etwas, das zum Leben gehört. Wenn Du Dich noch nicht bereit fühlst für neue Wege, stell Dir vor, wie es wäre wenn. Zum Beispiel, wenn Du im Lotto gewinnen würdest. Wäre es Dein Traum, nicht mehr arbeiten zu gehen und ganzjährig auf den Malediven zu leben? Nur Sonne,

Strand und Meer? Oder würdest Du das Geld spenden? Stell Dir vor, Du würdest im Radio hören, Dein Arbeitgeber müsste sein Unternehmen schließen oder es würde verkauft. Welche Gedanken und Gefühle würde das in Dir auslösen?

Wer ungewohnte Situationen zu bewältigen hat, kommt häufig auf ungewohnte Ideen und ist sich seiner bisherigen Entscheidungen und Handlungen gar nicht mehr so sicher. Es kommen Emotionen hoch, denen Du Dich nicht gewachsen fühlst.

1. Du könntest von Dir selbst enttäuscht werden.

2. Andere könnten Kritik an Deinen Reaktionen äußern.

3. Deine Verunsicherung könnte überhandnehmen.

4. Deine Kraft reicht womöglich nicht aus.

5. Du könntest die falschen Entscheidungen treffen.

Was wäre aber, wenn Du viel mehr bist, als Du zulässt?

Kapitel 11

Kennst Du Deine Ziele oder wie isst man einen Elefanten?

Wieder so ein Tag. Du springst frisch und ausgeruht aus dem Bett. Heute steht die Renovierung Deiner Wohnung ganz oben auf der To-do-Liste. Wandfarbe, Eimer, Pinsel, Tapeten & Co. stehen schon auffordernd im Flur bereit. Noch schnell einen Kaffee getrunken und los geht es. Mit Begeisterung gehst Du an die Arbeit. Das Telefon klingelt. Deine Freundin legt sofort mit ihrem Bericht über die neue Liebe und den ersten gemeinsamen Urlaub los. Kaum ist das mehr als einstündige Telefonat erledigt, klingelte es an der Tür. Der neue Nachbar hat sich ausgesperrt und bittet um Hilfe. Während der gemeinsamen Bemühungen um die Wohnungstür fällt Dir ein, dass Du ja noch zur Reinigung musst.

Schnell Deckel auf die Farbeimer und ins Auto gesprungen. Neben der Reinigung ist ein ganz tolles Einrichtungsgeschäft. Im Schaufenster sind herrliche Dekostoffe drapiert. Diese würden prima zu dem neuen Styling der Wohnung passen. Dass Deine Wohnung noch so weit von einem neuen Styling entfernt ist, wie die Erde vom Mars, vergisst Du in diesem euphorischen Moment. Der Nachmittag ist fast vorbei, als Du nach Hause kommst. Zurück in die völlig unrenovierte Wohnung mit vielen jungfräulichen Farbtöpfen im Flur. Dieses Ziel hast Du jedenfalls verfehlt.

Einer der berühmtesten Schriftsteller und Flieger unserer Zeit war sicher Antoine de Saint-Exupery. Er hat viele kluge Bücher geschrieben. Häufig geht es darin um die persönlichen Ziele und die besten Wege, sie zu erreichen. Sein Ziel war es sicher, noch viele Menschen mit seinen Worten zu begeistern. Sein früher Tod machte ihm leider einen Strich durch die Rechnung und war ein gutes Beispiel dafür, dass unsere Zeit nicht endlos ist. Umso wichtiger ist es, sich Ziele zu setzen und zu erreichen. Und zwar solche, die konkret sind und erreichbar, messbar und realistisch.

Hast Du solche Ziele? Kannst Du sie genau beschreiben? Dann schreib sie auf. Es ist wichtig, dass sie nicht nur vage im Hinterkopf bleiben und dort immer mal wieder aufpoppen. Wenn Du Deine Ziele aufschreibst und mit Details zum Leben erweckst, bist Du viel motivierter, sie zu erreichen. Sie werden lebendiger und ein Teil Deiner Realität. Dazu gibt es sogar Studien, die belegen, dass Menschen, die Ihre Ziele aufschreiben und sei es auch nur auf ein Butterbrotpapier, tatsächlich erfolgreicher sind.

Antoine de Saint-Exupery formulierte sicherlich eine der besten Beschreibungen zur Zielerreichung, die es gibt: „Wenn Du ein Schiff bauen willst, dann trommle nicht Männer zusammen, um Holz zu beschaffen, Aufgaben zu vergeben und die Arbeit einzuteilen, sondern lehre die Männer die Sehnsucht nach dem weiten, endlosen Meer."

Das gilt jedoch nicht nur für den Fall, dass Du andere Menschen für ein Ziel begeistern willst, sondern auch für Deine eigene Zielerreichung. Fokussiere Dich nicht auf Details und einzelne Schritte, sondern auf das Ergebnis. Wenn Du bei Deiner Renovierung die einzelnen Schritte als nächste Ziele definierst, ist das zwar für die Vorgehensweise hilfreich, nicht aber um motiviert und begeistert zu sein. Stell Dir stattdessen Deine Wohnung im neuen Glanz vor, mit frischen Farben und einem neuen Wohnkonzept. Vielleicht auch mit dazu passenden edlen Dekostoffen des Einrichtungsladens, den Du entdeckt hast. Wetten, dass Dein Herz bei dieser Vorstellung höher schlägt und Du gleich viel engagierter bist?

Nimm Dir also die Zeit und schreibe Deine persönlichen Ziele auf, so konkret wie möglich. Oder geht es Dir dabei wie dem Holzfäller mit der Axt?

Der besagte Holzfäller hatte eine Menge Holz zu schlagen und machte sich an die Arbeit. Mit der Zeit wurde die Axt immer stumpfer und das Holz schlagen immer mühsamer. Aber er machte immer weiter, statt die Axt zu schärfen. Ein Jäger, der vorbei kam, sah, wie er sich abmühte und fragte: „Deine Axt ist doch stumpf. Warum schärfst Du sie denn nicht?“ Der Holzfäller antwortete müde: „Dafür habe ich keine Zeit“.

Manchmal macht es Sinn, sich etwas Zeit zu nehmen, um dann engagiert zuzuschlagen.

Oder Du nimmst Dir die Zeit, weißt aber gar nicht, welche Ziele Du aufschreiben sollst oder besser gesagt, wie Deine Ziele überhaupt lauten?

Was willst Du? Wohin willst Du?

Mach den Check und gehe jeden Deiner Lebensbereiche durch:

- Beruf
- Familie
- Partnerschaft
- Hobby, Sport
- soziales Engagement
- Tiere

- Finanzen
- Weiterbildung, Weiterentwicklung

Formuliere mindestens ein Ziel zu jedem dieser Bereiche. Definiere dazu konkret: bis wann, mit wem und wie. Wenn Dir das Ziel zu groß erscheint, denk daran, wie man einen Elefanten isst: scheibchenweise. Zerlege also Deine Ziele in Meilensteine, die realistisch zu erreichen sind. Und überprüfe sie regelmäßig. Auch Ziele können sich ändern. So fällt es Dir wesentlich leichter sie konsequent in Angriff zu nehmen, was übrigens tatsächlich lebensverlängernd wirkt, wie eine Studie besagt. Schon Notizen über kleine Erfolge und Fortschritte steigern das Selbstbewusstsein und dokumentieren, was wir schaffen können.

Kapitel 12

Schreibe Dich frei oder Dein Erfolgstagebuch

Deine Notizen kannst Du auf Zettel, in den PC oder in Dein Erfolgstagebuch schreiben. Du schreibst kein Tagebuch? Außerdem macht das wirklich nur Arbeit? Gut, es macht zwar ein wenig Mühe, aber es bringt so viele positive Effekte, dass es sich bald bezahlt macht. Dann wird es so selbstverständlich wie Zähneputzen sein, einmal morgens, einmal abends, tägliche Routine.

Wie Du Dein Erfolgstagebuch gestaltest, entscheidest Du nach Deinem Gefühl. Ob es einen edlen Ledereinband hat oder selbst gebastelt ist, Hauptsache es gefällt Dir. Du kannst täglich von oben nach unten schreiben oder es gliedern nach beruflichen und privaten Themen, Hobbys und

Träumen. Egal wie, mach es zu Deinem Fundus an Erfolgen und Fortschritten. Studien haben ergeben, dass die tägliche Eintragung wirklich glücklich macht. Offenbar ist das Führen eines Tagebuchs so etwas wie Seelenhygiene. Die Verfasser werden kreativer, zufriedener und fühlen sich gelassener.

Offenbar tut es auch gut, seinen Alltagserlebnissen Erfolge gegenüberzustellen. Es relativiert negative Gefühle wie Frust und Resignation. Viele Menschen sind sich ihrer Stärken gar nicht bewusst. Sie aufzuschreiben, schmeichelt dem Ego und setzt positive Energie frei. Dabei wird auch der allgemein üblichen Neigung zum Negativen entgegengewirkt. Noch mehr: Das Gehirn wird darauf konditioniert, positiv zu denken und positiv zu sehen. Das heißt, bereits die ganz alltäglichen Dinge siehst Du mit zunehmenden Eintragungen optimistischer. Statt das Glas halb leer zu sehen, erscheint es Dir immer häufiger halb voll.

Motivierend wirkt dabei auch, dass Du Deine Entwicklung in den Eintragungen ablesen kannst. Es lohnt sich also, nicht nur täglich einzutragen, sondern auch regelmäßig nachzulesen. Es macht übrigens Sinn, nicht nur täglich, sondern sogar morgens und abends einzutragen. Morgens, weil man viele Gedanken des letzten Tages jetzt anders sieht, aber auch Erfolge nüchtern betrachtet werden. Abends dagegen kannst Du die Geschehnisse des Tages analysieren und nach Positivem filtern.

Kapitel 13

Weniger ist mehr oder Selbstüberschätzung macht einsam

Selbsterkenntnis gelingt nur dann, wenn Du auch bereit bist, Dich kritisch zu analysieren. Und wenn Du Veränderungen nicht nur zulässt, sondern aktiv initiierst. Wer glaubt, über den Dingen zu stehen und perfekt durchs Leben zu gehen, steht Erkenntnis und Weiterentwicklung im Weg. Aber woher kommt die Lust an der Selbstüberschätzung? Wir sind Leistungsvergleiche und Wettbewerb täglich gewohnt. Und obwohl es dabei immer nur einen Sieger gibt, halten sich doch die meisten Menschen für besser als andere. Das geht sogar so weit, dass Fahrer auf der Autobahn nicht bereit sind, eine Rettungsgasse für andere zu bilden. Für andere zur

Seite zu fahren, bedeutet, klein beizugeben, sich in eine schwächere Position zu bringen. Und das widerstrebt den meisten Menschen.

Ein Massenproblem, wie man mittlerweile weiß. Denn die meisten Menschen halten sich für besser, klüger oder schneller als andere. Mit dieser Einstellung erreicht man nur schwer Selbsterkenntnis. Dazu gehören schließlich auch Schwächen und Fehler. Sie machen uns erst menschlich und sympathisch. Weniger sympathisch dagegen ist vorgetäuschtes Selbstbewusstsein. Gerade diese Variante ist überwiegend im Business sehr beliebt. Und oft sehr erfolgreich. Viele treten auf wie ein Pfau mit stolzem Federkleid. Das macht Eindruck und spiegelt Überlegenheit wider. Je erfahrener und anerkannter jemand ist, desto stärker scheint sein Selbstbewusstsein ausgeprägt. Häufig wechselt eine selbstbewusste Art dann in Arroganz. Glaubenssätze nehmen einen größeren Stellenwert ein. Andere Menschen werden gerne beurteilt und verurteilt, Ratschläge gehören zur Tagesordnung. Die innere Unsicherheit wird mit allen Mitteln überdeckt.

Echtes Selbstbewusstsein bedeutet, sich wirklich seiner selbst bewusst zu sein, nicht Theater zu spielen und sich aufzuputschen. Was wirklich dahinter steckt, ist jedoch Unsicherheit. Die tief vergraben vor sich hin schwelt und gerne überspielt wird. Diese Unsicherheit zu bewältigen und tatsächliches Selbstbewusstsein zu entwickeln, gehört zu den wichtigsten Zielen. Dazu gibt es reichlich spannende Möglichkeiten:

Sabbatical

Wer sich selbst kennenlernen möchte, tut dies am besten, indem er sich ungewohnten Situationen aussetzt. Wenn nicht nur die Menschen unbekannt sind, sondern auch die Kultur und die Sprache mobilisiert man seine natürlichen Kräfte und erlebt, wie man wirklich auf andere Menschen wirkt: unverfälscht, manchmal unsicher und authentisch. Ein Auslandsaufenthalt, der mit Zustimmung des Arbeitgebers erfolgt, ist perfekt dafür. Häufig ergeben sich während eines Sabbaticals auch neue Perspektiven hinsichtlich der beruflichen und privaten Lebenssituation.

Sprachen, Hobbys, Sportarten

Ungewohnte Situationen, die eine persönliche Weiterentwicklung fördern, ergeben sich schon beim Lernen einer neuen Sprache, eines neuen spannenden Hobbys oder einer aufregenden Sportart. Es ergeben sich dabei jede Menge herausfordernde Situationen, in der wir Selbstbewusstsein beweisen oder zu unseren Schwächen und Hemmungen stehen müssen. So lernen wir, sie zu überwinden und unsere Stärken auszubauen.

Sieh es als Dein persönliches Projekt an. Versuche, das Training und Deine Lerneinheiten zu strukturieren und Dir Meilensteine zu setzen.

Ehrenämter

Es tut gut, anderen Menschen zu helfen und dabei die eigenen Fähigkeiten unter Beweis zu stellen. Auch solche, von denen man noch gar nicht wusste, dass man sie hatte. So nötigt der Umgang mit älteren oder gehandicapten Menschen einem oft Fantasie und Kreativität ab. Von körperlichen Anforderungen ganz zu schweigen. Auch die Arbeit mit Jugendlichen setzt ein hohes Maß an Toleranz, Flexibilität und Durchsetzungsvermögen voraus. Da kommt man mit vorgetäuschtem Selbstbewusstsein nicht weit.

Allein Leben

Viele Menschen rutschen vom behüteten Elternhaus direkt in die erste Beziehung und ziehen dann auch gleich mit dem Partner oder der Partnerin zusammen. Von da aus geht es in die nächste Beziehung und so weiter. Zeit und Raum, sich mit sich selbst zu beschäftigen, gibt es da kaum. Es ist eine Herausforderung der besonderen Art, die vielen täglichen Entscheidungen zu treffen, die man allein lebend treffen muss. Sei es, wie man eine Wohnung findet, sich einrichtet, den Kühlschrank füllt, Versicherungen abschließt und mit den Nachbarn Kontakt pflegt. Da ist niemand, mit dem man sich beraten kann, der Dir etwas abnimmt oder für Vertrautheit sorgt. Eine ungewohnte Situation, die Dir vielleicht erst mal alles abverlangt, dann jedoch viel Erfahrungen und Erkenntnisse bringt, über Dich selbst und Deine Umgebung.

Kapitel 14

Shit happens oder vom Umgang mit Krisen und sich selbst

Steve Jobs ging es so und Tausenden anderen auch schon. Er verlor sogar die Firma, die er selbst so erfolgreich gegründet hatte und die später eines der teuersten Unternehmen der Welt werden sollte. Jeder fürchtet sich davor: Vor dem Verlust eines geliebten Menschen oder Tieres, vor dem Arbeitsplatzverlust, vor einem Unfall oder einer großen Enttäuschung. Und jeder geht ganz unterschiedlich damit um. Der eine stürzt sich in die Arbeit. Ein anderer vergräbt sich zu Hause. Der Nächste joggt täglich die doppelte Strecke und das gleich morgens und abends. Krisensituationen bedeuten extremen Stress für uns. Wenn uns die Hilflosigkeit übermannt, ist guter Rat teuer. Die Fähigkeit, damit umzugehen, ist bei jedem etwas anders ausgebildet. Wer schwierige Zeiten als Möglichkeit erkennt, sich zu entwickeln und zu wachsen, geht viel motivierter und lockerer damit um.

Natürlich hängt jeder erst mal durch. Und diese Zeit sollte man sich selbst auch geben. Das Schlechteste wäre, die Gefühle zu übergehen. Trauer, Wut, Angst und Enttäuschung nagen dann unterbewusst an Dir und Deinem Selbstbewusstsein. Du setzt zwar nach außen hin eine fröhliche Miene auf, aber innerlich gärt es. Und das merkt man intuitiv auch von außen. Irgendwann kocht dann alles über, denn solche Showvorstellungen kann man nicht lange perfekt beibehalten. Außerdem macht es keinen Sinn, seine Energie in das Aufrechterhalten einer guten Miene zu setzen, während man die Kraft viel mehr in seine negativen Gefühle investieren sollte.

Mit Widerstandskraft durch das Tal der Tränen

„Was mich nicht umbringt, macht mich stark", sagte schon Nietzsche aus tiefster Brust. Leider steht aber vor der gewonnenen Stärke der Schmerz. Und durch dieses Tal der Tränen muss man durch. Leider meist mit einer ziemlichen Achterbahnfahrt. Denn es ist eher nicht so, dass Du direkt nach dem Ereignis traurig bist, zwei Tage brauchst und dann wieder strahlend durchs Leben gehst. Vielmehr trifft Dich das Ereignis wie eine Keule, ob mit oder ohne Vorwarnung. Nach der ersten betont nüchternen Betrachtung bricht die Trauer, die Enttäuschung durch. Manche verharren jetzt regelrecht in einer Art Opferstarre und verkriechen sich. Damit ist jedoch niemandem geholfen. Besser ist es, die Ursache der Situation und negativen Gefühle zu erkennen. Daraus kann dann wieder Aktivität erwachsen und das Gefühl der Hilflosigkeit schwindet.

Konsequent durch Krisen und Enttäuschungen

Wer sich so durch die Krise beißt, fühlt sich stärker und akzeptiert, dass es nicht nur gute Zeiten gibt. Probleme sind überwindbare „Lebensabschnittsgefährten“ und häufig Ausgangsbasis für neue Blickwinkel. Wem z. B. gekündigt wurde, der hat heftig an der Enttäuschung und der Zukunftsangst zu knabbern. Sobald man den Blick nach vorne richtet, kommen neue Perspektiven ins Spiel. Wieso nicht bei dieser Gelegenheit etwas ganz Neues machen? Ein neuer Arbeitgeber, eine neue Branche oder vielleicht das Auslandsjahr nachholen? Suche aktiv nach unbekannten Wegen. Das setzt Energie und Zuversicht frei. Fazit: „Schlechte Zeiten“ sind ideal zur Selbsterkenntnis, denn sie setzen ungeahnte Potenziale frei.

KAPITEL 15

Umfeldanalyse oder mit welchen Menschen umgibst Du Dich?

Unser Leben ist der Durchschnitt der fünf Menschen, mit denen wir die meiste Zeit verbringen, sagt der Redner und Trainer Jim Rohn. Hast Du Dir in letzter Zeit mal angesehen, mit wem Du die meiste Zeit verbringst? Was hast Du für ein Gefühl, wenn Du an diese Menschen denkst? Tun sie Dir gut? Nerven sie oder machen sie Dich wütend? Fühlst Du Dich in ihrer Gegenwart klein oder groß? Bist Du mit ihnen glücklich oder froh, wenn Du sie nicht sehen musst? Sind sie interessant, spannend, neugierig, lustig, komisch oder genau das Gegenteil?

Schreib sie auf, die Namen der Menschen, mit denen Du die meiste Zeit verbringst. Jetzt, sofort. Welches Gefühl hast Du dabei? Umspielen Deine Lippen ein Lachen oder hast Du das Gefühl, Dir sitzt jemand auf der Brust? Welche Menschen Dich umgeben ist deshalb so wichtig, weil sie Dich beeinflussen, Deine Vorbilder, Unterstützer oder Bremser sein können.

Stell Dir z. B. vor, dass Du Dich selbstständig machen willst. Deine engsten Bezugspersonen sind jedoch alle in einem Arbeitsverhältnis und kennen Selbstständigkeit nur vom Hörensagen. Deine Begeisterung können sie daher nicht teilen. Stattdessen gibt es einen bunten Strauß an kritischen Anmerkungen. Ob Du denn wirkliche Deinen sicheren Arbeitsplatz aufgeben möchtest? Und was aus den Erfolgen wird, für die Du all die Jahre gearbeitet hast? Und was passiert, wenn Du in Deiner Selbstständigkeit erfolglos bist? Bedenke doch, welches Risiko Du da eingehst, das ist doch Unfug.

Wetten, dass Deine ganze Power platzt wie eine Seifenblase? Was bleibt, ist das, was Dein Umfeld kennt und gewohnt ist. Dabei bleibt das auf der Strecke, was Du willst. Dein Umfeld unterstützt nicht Dich, sondern verteidigt das, was ihm selbst wichtig ist. So bleibt Dir kein Raum, um Dich weiterzuentwickeln.

Jeder Mensch neigt dazu, seine Lebensart und seinen Beruf zu verteidigen. Wünscht sich jemand aus seiner Umgebung etwas anderes, beginnt das eigene Fundament ganz zart zu wackeln. Wenn ein vertrautes Gesicht das ablehnt, was einem selbst lieb und teuer ist, kommt man ins Grübeln und geht in Abwehrhaltung. Die eigene Unzufriedenheit und unerfüllte Wünsche überdecken sehr schnell, was die Person wirklich meint. Man nimmt die Überlegungen des anderen gar nicht erst ernst. Das bedeutet umgekehrt, dass Du als der „Abtrünnige" Zweifel bekommst und womöglich von Deinem Plan ablässt oder ihn zumindest sehr einschränkst. So sehr, dass Dein Ziel nicht erreicht werden kann. Du bleibst also der Durchschnitt Deiner Umgebung.

Es bleibt Dir nur, zu erkennen, wer Dir guttut, und wer Dich vielmehr für die eigene Komfortzone nutzt. Lerne Menschen kennen, die das wollen oder bereits erreicht haben, was Du anstrebst, und sei es auch noch so fantastisch in den Augen Dritter. Sprich so viel es geht mit Menschen, die Du bewunderst und deren Lebensart Dich faszinieren. Bilde Dir eine eigene Meinung darüber, ob und was Du davon erstrebenswert findest. Schau die Dinge immer aus verschiedenen Blickwinkeln an. Wir leben eben nicht in einem Vakuum. Die Gesellschaft im Großen und unsere direkte Umgebung im Kleinen wirken auf uns. Sehr schnell werden gut gemeinte Ratschläge lästig und eng, oft werden unsere menschlichen Ratgeber übergriffig.

Kapitel 16

Fazit oder was Selbsterkenntnis ausmacht

Selbsterkenntnis bedeutet also nicht nur, sich selbst lebenslang kritisch zu analysieren, sondern auch das eigene Umfeld, die Arbeit und mögliche Vorbilder. Eine interessante, flexible Mischung an Menschen, die Dich umgeben, macht es Dir erheblich leichter, Dich zu entwickeln und neugierig über den Tellerrand zu blicken.

„Wer die Welt bewegen will, sollte erst sich selbst bewegen“ (Sokrates)

KAPITEL 17

Leseprobe: Die Kunst des Gedankenlesens

Wer kann Gedanken lesen?

Zunächst einmal ist, wie eingangs bereits angedeutet, der Begriff „Gedankenlesen“ oftmals mit falschen Vorstellungen behaftet, was sich dadurch erklärt, dass Menschen umso spannender finden, was sie sich nicht erklären können. Damit bekommt dies einen übersinnlichen Beigeschmack und bleibt eher im Gedächtnis haften als ganz weltlich und logisch erklärbare Situationen, in denen „Gedankenlesen“ zum Einsatz kommt. Übernatürlich ist eben spektakulärer. Hierbei verhält es sich ähnlich, wie bei der häufigen Fehldeutung des Begriffes „UFO“. Viele Menschen sitzen dem Irrglauben auf, dass ein UFO automatisch für ein bemanntes Raumschiff aus fernen Galaxien steht, ohne sich die eigentliche Bedeutung des Namens vor Augen zu führen, welcher eben lediglich für „unbekanntes Flugobjekt“ steht. Demnach kann dies auch durchaus ganz irdischen Ursprungs sein und mit ein wenig Recherche völlig wissenschaftlich und schlüssig erklärt werden. Die Vorstellung einer fliegenden Untertasse ist natürlich erheblich beliebter, weil diese stets von einem Hauch Mystik umweht wird. So also auch beim Gedankenlesen. Nicht nur die einäugige, skurril gekleidete alte Dame mit Warze auf der Nase, die in psychedelischer Ekstase um eine Kristallkugel tanzt, während sie mit undefinierbaren Zaubersprüchen um sich wirft, ist in der Lage, vermeintlich Gedanken zu lesen.

Der Profiler

Ein sogenannter Profiler, der für die Erstellung eines psychologischen Profils von Verbrechern verantwortlich ist, nutzt Praktiken, die durchaus als das Lesen von Gedanken gedeutet werden können. Schließlich kreiert er nicht nur die Profile von Verbrechern, er versucht auch, anhand bestimmter Indikatoren deren weitere Schritte vorhersagen zu können. Der Profiler erkennt anhand bestimmter Verhaltensmuster gewisse Zusammenhänge und kann so ganz wissenschaftlich fundiert prognostizieren, welche Schritte der Täter sehr wahrscheinlich als nächstes gehen wird. Er liest gewissermaßen seine Gedanken ohne denjenigen zu sehen oder überhaupt zu kennen. Dies gelingt ihm ausschließlich durch die Deutung diverser Begleitumstände einer Straftat.

Welche Waffe wurde benutzt? Welcher Ort wurde gewählt? Welche Uhrzeit? Welche und wie viele Verletzungen? Wurde die Leiche am Tatort getötet oder erst nach dem Mord dorthin transportiert? In welcher Position wurde die Leiche aufgefunden? Diese und unzählige weitere Faktoren werden hier mit einbezogen, um ein psychologisches Profil zu erstellen, denn der Profiler hat gelernt, dass jedes dieser Kriterien auf ein bestimmtes Persönlichkeitsmerkmal hindeutet. Mit Hilfe dieses Profils ist es ihm nun also möglich, die Gedankengänge des Täters nachzuvollziehen und vorherzusagen. Was hat der Täter vor? Was bezweckt er? Was wird er als nächstes tun? Wie sieht er sich und seine Umwelt? Die Fähigkeit, all dies vergleichsweise treffsicher einschätzen zu können, ohne die Person überhaupt zu kennen, kann durchaus als eine Art des Gedankenlesens angesehen werden. Und dazu braucht's keine Zauberkugel und sonstige übersinnlichen Fähigkeiten. Umfassende Kenntnisse der menschlichen Psyche und langjährige Erfahrung sind hierbei die wesentlich effektiveren Hilfsmittel.

Der Psychologe/Psychiater

Auch der Psychologe bzw. der Psychiater arbeitet mit einer Art des Gedankenlesens. Auch er versucht, ähnlich wie der Profiler, sich in die Psyche eines

Menschen hineinzuversetzen, um bestimmte Schlüsse über seine Gedankengänge ziehen zu können. Anders als der Profiler hat der Psychologe allerdings den Vorteil, die betreffende Person tatsächlich vor sich zu haben, was die Sache erheblich erleichtert. Hier kann er ganz gezielte Fragen stellen und sich zudem der oft vielsagenden Mimik und Gestik eines Menschen als Hilfsmittel bedienen. Zudem kann die Art, wie sich der Patient ausdrückt, in welcher Art und Weise er erzählt, bzw. antwortet, über bestimmte Sachen Aufschluss geben. Muss er lange für eine Antwort überlegen? Zögert er? Stottert er oder erzählt er zielführend und flüssig? Wie ist seine Stimme? Klingt sie ruhig, sachlich und besonnen oder ehr laut, aggressiv und überschlägt sich womöglich gelegentlich?

All diese Faktoren helfen dem Psychologen bzw. dem Psychiater, sich bestmöglich in seinen Patienten hineinzuversetzen. Zu verstehen, wie er sich fühlt, seine Gedankengängen nachzuvollziehen und vorhersagen zu können. Kurz, die Welt durch die Augen des Patienten zu sehen und seine Gedanken zu „lesen“. Ein wesentlicher Teil der Arbeit eines Psychologen oder der eines Psychiaters ist es also, die Gedanken Ihrer Patienten so gut wie möglich lesen zu können, um sich in diese hineinzuversetzen, was wiederum notwendig ist, um eine höchst effektive Lösung für die Probleme des Patienten finden zu können. Auch hier bedarf es einzig und allein einer psychologischen Ausbildung und keinerlei Effekthascherei durch ein „In deinen Gedanken lese ich...“, während man seine Augen vermeintlich angestrengt zusammenkneift und sich die Zeigefinger auf die Schläfen legt.

Der Illusionist

Genau diese Showelemente sind es, mit denen der Illusionist arbeitet. Seine Intention ist eine völlig andere. Er muss in erster Linie das zahlende Publikum unterhalten. Deshalb bedient er sich der ganzen Palette an möglichst spektakulären Effekten, um die Zuschauer in Staunen zu versetzen. Jeder von Ihnen kennt solche Shows, in denen sich Zauberer, Magier oder Illusionist unbedarfte Menschen auf die Bühne holen, an denen sie dann vermeintlich unerklärliche Phänomene vollführen und damit ihre „magischen“ Fähigkeiten unter Beweis stellen wollen. Ob Kartentricks oder wie auch immer geartete Vorführungen. Oftmals geht es darum, das Verhalten der betreffenden Person auf der Bühne zu deuten und daraus bestimmte Schlüsse zu ziehen. Zumeist geht es darum, dass der Zuschauer auf der Bühne etwas aus einer bestimmten Auswahl verstecken soll. Beispielsweise drei umgedrehte Karten, von denen der „Magier“ eine von seinem Gegenüber vorher ausgewählte Karte erkennen soll. Eine weitere beliebte Möglichkeit ist auch die Alternative mit drei umgedrehten Bechern, von denen einer einen Gegenstand verbirgt und nur der auf die Bühne geholte Zuschauer, der diesen selbst darunter platziert hat, weiß, welcher Becher der richtige ist.

Hier fragt der Illusionist den teilnehmenden Zuschauer auf der Bühne oft, unter welchem Becher sich das Kügelchen befindet. Jedoch auf eine bestimmte Art und Weise. Er deutet auf einen Becher und fragt, ob sich das Kügelchen unter diesem befindet. Die betreffende Person verneint dies natürlich. Das wiederholt der selbst ernannte Magier mit jedem einzelnen Becher und jedes Mal wird die Antwort „Nein" lauten. Mit dieser Fragetechnik allerdings bezweckt der Illusionist etwas ganz bestimmtes. Jedes Mal, wenn er fragt, ob sich unter dem jeweiligen Becher der Gegenstand befindet und der Zuschauer mit „Nein" antwortet, beobachtet der Illusionist sehr genau Mimik und Gestik der Person sowohl bei der Frage als auch bei der Antwort. Und hier wird's plötzlich ganz wissenschaftlich. Wie der Psychologe deutet auch der Illusionist zu diesem Zeitpunkt die Verhaltensweise der betreffenden Person, um bestimmte Schlüsse zu ziehen. Gewisse Indikatoren deuten nämlich auf bestimmte Sachen hin. Kleine unbewusste Nuancen in der Mimik und/oder Gestik verraten den „Delinquenten" und geben dem Fragesteller (in diesem Fall dem Illusionisten) klaren Aufschluss darüber, wann die Person gelogen hat und welche Antwort der Wahrheit entspricht.

Diese ganz wissenschaftlichen Kenntnisse hat der Illusionist nicht nur seinem Gegenüber voraus, sondern auch dem größten Teil der Zuschauer. So glänz dieser durch eine „magische" Treffergenauigkeit und begründet dies damit, durch seine vermeintlich übersinnlichen Fähigkeiten die Gedanken des Kandidaten gelesen zu haben und schon ist der Zuschauer beeindruckt. Eine gewisse Form des Gedankenlesens kann man ihm in diesem Fall auch tatsächlich nicht absprechen. Auch wenn der Grund dafür nicht annähernd so mysteriös ist, wie er es uns gerne glauben machen will. Er benutzt oftmals die Deutung von Körpersprache, von Mimik und Gestik, um Gedankengänge des Kandidaten „lesen" und vorhersagen zu können. Ähnlich wie es eben auch ein Psychiater oder ein Psychologe zu tun pflegen.

Der Faktor X

Sie sehen also, dass die Kunst des „Gedankenlesens" in vielen Fällen einfach mit wissenschaftlichen Erkenntnissen über das Zusammenspiel zwischen der menschlichen Psyche und bestimmten Verhaltensmustern begründet werden kann. Dennoch gibt es, wie so oft, auch hier Fälle, die wissenschaftlich einfach nicht einfach erklärt werden können. Das eingangs beschriebene Szenario ist einer davon. Ein anderes ist ein ebenfalls sehr geläufiges, welches Menschen immer wieder in ungläubiges Staunen versetzt. Sie nehmen ihr Handy zur Hand und wollen eine bestimmte Person anrufen und just in dem Moment bekommen Sie von genau demjenigen einen Anruf oder eine Nachricht. Nicht von einem der unzähligen anderen Menschen in Ihrem Bekanntenkreis, nicht 5 Minuten vorher oder 5 Minuten danach. Nein, von genau diesem Menschen zu genau diesem Zeitpunkt. Doch wie ist das möglich? Nun, genau hier kommt dieser sogenannte Faktor X zum Tragen, denn für dieses Phänomen gibt es nach wie vor keine ausreichend schlüssige Erklärung. Während viele Leute dies als Existenz von Telepathie deuten, plädieren die Skeptiker eher darauf, das als Zufall abzutun. Nun, da aufgrund der Gegebenheiten der Zufall als Begründung nahezu ausfällt, bliebe also noch die Telepathie, mit der so etwas durchaus erklärbar wäre. Was aber, wenn jemand, der Ihnen direkt gegenüber sitzt, genau das ausspricht, was Sie gerade denken oder sogar gerade sagen wollten? Es ist also, als hätte dieser jemand Ihre Gedanken gelesen. Und tatsächlich gibt es bestimmte Menschen, die über eine Gabe wie diese verfügen. Die allerdings ist nicht antrainiert, sondern quasi gottgegeben.

Diese Art der übersinnlichen Wahrnehmung ist gewissermaßen angeboren. So wie es Menschen gibt, die mit Wesen auf anderen Schwingungsebenen kommunizieren können, gibt es eben auch welche, denen die Kunst des Gedankenlesens in die Wiege gelegt wurde. Leider kann diese Art des Lesens fremder Gedanken kaum bis gar nicht gelernt oder trainiert werden. Man hat es entweder, oder eben nicht. Was Sie allerdings lernen können, sind die Methoden, mit denen Profiler und Psychologen arbeiten. Das richtige Deuten bestimmter Faktoren, um sich in die Gedankengänge seines Gegenübers hineinzuversetzen. Um diese Kunst in Perfektion zu beherrschen, sind viele Jahre Übung und Erfahrung notwendig. Doch auch der raffinierteste Analytiker von Gestik, Mimik und Stimme hat irgendwann einmal angefangen, sein Handwerk zu erlernen und so möchten wir auch Ihnen mit den folgenden Übungen einen Guide an die Hand geben, der Ihnen dabei hilft, die Kunst des Gedankenlesens zu erlernen und auszubauen.

Weiter lesen auf Amazon:

Autorenseite (*http://amzn.to/2vfLRUO*)

Selbstliebe lernen

LERNEN SIE DURCH POSITIVES DENKEN IHR SELBSTBEWUSSTSEIN ZU STÄRKEN

25 Tipps für mehr Selbstliebe & Selbstmitgefühl

Vorwort

Sich selbst zu lieben ist für viele Menschen schwer. Das liegt nicht daran, dass sie sich selbst nicht mögen, sondern an ihrer Erziehung. Wie oft wurde ihnen beigebracht: Eigenlob stinkt; wer nur an sich denkt, ist ein Egoist? Viel zu oft und die ihnen beigebrachten Floskeln beruhen nicht nur auf die beiden im Vorsatz erwähnten. Auch heute hinterlässt die Erziehung durch die Eltern bei dem Wort "Selbstliebe" nicht nur einen schlechten Beigeschmack, sondern oft auch ein schlechtes Gewissen.

Dies ist nur ein Grund, warum diese Menschen alles tun, damit andere Menschen sie mögen und lieben. Damit sie nicht ungeliebt bleiben, ordnen sie sich unter und verzichten auf die Erfüllung ihrer Wünsche, der Verwirklichung ihrer Träume. Um anderen Menschen zu gefallen haben sie oft keine eigene Meinung, sondern lassen sich mitziehen in Situationen, mit denen sie gar nicht zu kommen.

Wir geben anderen Menschen Liebe, Selbstvertrauen – doch wo bleiben wir? Wann lernen wir, dass jeder einzelne Mensch einzigartig ist, sich selbst lieben und selbstbewusst seinen Weg gehen soll? Selbstliebe hat rein gar nichts mit Überheblichkeit, Egoismus, Narzissmus oder gar Hochmütigkeit zu tun. Es ist der Oberbegriff für das Selbstvertrauen jedes Menschen, seiner Selbstachtung und seines Selbstbewusstseins.

KAPITEL 1

Das Spiegelbild der Seele

Die Augen sind das Spiegelbild der Seele, ein Sprichwort, das seine Richtigkeit hat. Wer ständig an sich zweifelt, ist mit sich uneins – die Augen verraten dies ganz ungeniert. Auch die herabgezogenen Mundwinkel geben Zeugnis von der Unzufriedenheit der Person.

Der Blick in den Spiegel – was sehen Sie?

Es ist ein positives Zeichen, wenn Sie sich dem Spiegel zuwenden und Ihr Spiegelbild betrachten. Natürlich schauen Sie immer in den Spiegel, wenn Sie sich schminken, Ihre Haare bürsten und frisieren. Doch diesmal sollte der Blick in den Spiegel ganz allein Ihrem ungeschminkten Gesicht gelten. Was sehen Sie? Trübe

Augen, herabgezogene Falten um die Mundpartie? Was sagen Ihnen Ihre Augen? Ist Ihr Blick voller Selbstvertrauen oder Zweifel? Was empfinden Sie beim Anblick Ihres Spiegelbilds? Trauer, Wut, Enttäuschung oder gar Widerwillen? Wenn dies so ist, müssen Sie endlich lernen, sich selbst zu lieben mit all Ihren guten und schlechten Seiten.

Die innere Mitte finden

Bevor wir uns mit der inneren Mitte befassen, hier kurz die Information, was die innere Mitte ist. Sie verkörpert die Balance zwischen Ihren guten und weniger guten Eigenschaften. Wer seine innere Mitte gefunden hat, der liebt sich so, wie er ist mit allen Stärken und Schwächen.

Kein Mensch ist perfekt, auch wenn dies manchmal nach außen hin so aussieht. Es gibt keinen perfekten Menschen, sondern Menschen mit Stärken und Schwächen. Diese Menschen akzeptieren ihre Schwächen ebenso wie ihre Stärken, sie sind zufrieden mit ihrem Leben und glücklich. Wer seine innere Mitte erreicht hat, der hat Körper, Geist und Seele im Gleichgewicht. Das macht ihn gelassen und gleichzeitig stark trotz seiner Schwächen.

Angst, Schuldgefühle, Unzufriedenheit sind nur einige Faktoren, welche die Balance der inneren Mitte aus dem Gleichgewicht bringen können. Körper, Geist und Seele sind untrennbar miteinander verbunden.

Dies bedeutet auch, wenn die innere Mitte
den ist, kann sich dieser Zustand physisch au
spielsweise in einer Erkrankung. Auch hier hat jeder Mensch seine individuellen Schwachstellen; den einen Menschen plagen ständige Kopfschmerzen, der andere bekommt Probleme mit dem Darm, hat plötzlich Sehstörungen. Die physische Äußerung des Ungleichgewichts kann, aber muss nicht zwangsläufig die fehlende Balance der inneren Mitte darstellen.

Jeder Mensch ist einzigartig; was das Finden der inneren Mitte beeinflusst. Deshalb kann hier nur anhand von Beispielen aufgezeigt werden, wie man die innere Mitte finden kann und die Person lernt, sich selbst zu lieben. Ein Beispiel ist die Mediation, bei der man tief in sein Inneres blickt. Auch Yoga und Tai Chi eignen sich gut für das Auffinden der inneren Mitte.

Doch am wichtigsten ist die Beantwortung den Fragen: Wo ist mein wunder Punkt, mit was bin ich nicht im Reinen, welches Problem belastet mich? Wenn das Problem gefunden und erfasst ist, kann mit der Lösung nach einer Methode begonnen werden, damit die innere Mitte gefunden wird.

Wer bin ich wirklich?

Wir geben uns täglich viel Mühe anderen zu gefallen. Oft verlieren wir uns selbst dabei. Um die Anerkennung, Zuwendung oder Liebe von anderen zu erhalten verwenden wir viel Zeit und vor allen Dingen Energie. Dabei verstellen wir uns, zeigen weder unsere Stärken noch Schwächen in der Angst, dass andere Personen uns ihre Anerkennung oder Liebe entziehen.

Die Erziehung, die uns von Kindesbeinen beigebracht wurde, dass wir, wenn wir uns selbst lieben, egoistisch sind, zeigt im Erwachsenenleben ihre negativen Seiten. Unsere Schwächen sehen andere, unsere Stärken nicht, weil wir nicht selbstsüchtig erscheinen wollen, verbergen wir diese. Dabei ist die Kombination von Stärken und Schwächen die Menschen einzigartig und liebenswert machen.

Wer wir wirklich sind, wissen nur wir selbst. Also, weg mit der Schauspielerei! Fangen wir endlich an uns selbst so zu akzeptieren, wie wir sind. Dann ist der Weg frei für unser wahres ICH. Der morgendliche Blick in den Spiegel zeigt schnell die Verwandlung: die Augen glänzen und wir lächeln unser Spiegelbild an. Das zeigt, dass wir uns selbst achten, akzeptieren und lieben, nicht wie es andere wollen, sondern wie wir wirklich sind.

Selbstliebe und ihre positive Auswirkungen

Wenn wir uns selbst lieben, wirkt sich dies auf uns, aber auch in Wahrnehmung Dritter positiv aus. Sobald wir unsere Eigenschaften akzeptieren, gewinnen wir eine innere Stärke und ausreichend Selbstvertrauen, um unseren Alltag zu meistern. Wir sind unabhängig von der Zuneigung anderer Menschen, denn wir haben keine Angst von Dritten nicht anerkannt zu werden. Wir sagen unsere Meinung frei und offen und tun das, was wir für richtig halten und nicht das, was andere von uns erwarten.

Sobald wir gelernt haben uns selbst zu lieben, gehen wir viel leichter auf andere Menschen zu, knüpfen Kontakte ohne Angst zu haben, dass wir abgelehnt werden. Auch eine weitere positive Eigenschaft erhalten wir durch Selbstliebe: Ehrlichkeit. Wir brauchen unsere Meinung nicht mehr zu verstecken, sondern sind anderen Menschen gegenüber aufrichtig und ehrlich, machen Komplimente und nehmen diese auch dankbar an.

All diese Eigenschaften spiegeln sich in unserem Aussehen, unseren Augen wider. Unser natürliches Wesen macht uns für andere Menschen attraktiv, sie sind gerne mit uns zusammen und sind uns gegenüber respektvoll. All diese Dinge haben wir nicht erhalten, als wir uns noch buchstäblich verbogen haben, unser individuelles und ansprechendes Wesen verleugnet haben, um anderen zu gefallen.

Dank unserer Selbstliebe sind wir emotional stärker und damit stabiler geworden. Wir sind unabhängig von der Anerkennung Dritter, fordern weder Zuwendung von Anerkennung, sondern genießen beides, wenn uns dies zuteil wird. An Dritte stellen wir wenig oder keine

Erwartungen, sondern nehmen sie so wie sie sind. Damit verringert sich die Gefahr vor Enttäuschungen.

Durch unsere Individualität sind wir erfolgreich, weil wir entscheidungsfreudiger sind, Risiken eingehen sowohl im beruflichen als auch im privaten Bereich. Wir nehmen Kritik hin, lassen uns aber dadurch nicht verunsichern. Wir leben nach dem Motto: Aus Fehlern lernt man und wer keine Fehler macht, der sitzt im Glashaus und sollte nicht mit Steinen werfen. Wir sind uns und anderen gegenüber toleranter, großzügiger und haben gelernt: Es gibt keine Probleme, es gibt nur Lösungen.

Wir wissen, es ist schwer aus einer langjährigen Selbstlosigkeit herauszukommen. Die Eltern, in der Schule und auch die Religion wollen, dass jeder selbstlos handelt, sich für andere aufopfert. Dabei wird die wichtigste Person vergessen: Sie selbst!

Sicher, Sie wollen anderen helfen, doch dies geht nur, wenn es Ihnen gut geht. Sie können keine Energie geben, wenn Sie selbst völlig energielos sind. Und wie wollen Sie Liebe teilen, wenn Sie selbst keine haben? Nur wer sich selbst liebt, kann Liebe weitergeben. Hören Sie auf Ihr Herz und Ihrem Bauchgefühl.

Kapitel 2

Ohne Selbstliebe gibt es keine Nächstenliebe

Liebe ist etwas Wunderschönes. Doch wer sich selbst nicht liebt, der ist unfähig andere zu lieben. Selbstliebe ist nicht mit Egoismus zu verwechseln, sondern eine rechte Liebe, die es erlaubt, auch andere zu lieben. Nur wer sich selbst liebt, kann auch Selbstvertrauen entwickeln.

Mit Esoterik, Egoismus, Eitelkeit oder Narzissmus hat die innere Mitte eines Menschen rein gar nichts zu tun. Bei der inneren Mitte handelt es sich um das Gleichgewicht von Körper, Seele und Geist und auch darum, sich selbst als Mensch mit allen Schwächen und Stärken zu lieben. Die innere Mitte eines Menschen versteht sich als Gefühl, das aus dem Herzen kommt und sagt: Ich liebe mich selbst und akzeptiere mich so, wie ich bin. Dieses Gefühl liegt nicht zwangsläufig im bewussten Bereich, sondern oft auch auf der unterbewussten Ebene.

Nur wer sich selbst liebt ist zufrieden

Alle Menschen dieser Welt wollen glücklich sein. Doch was ist Glück für den Einzelnen? Für einen Teil ist Glück ein neuer Job, für andere die Erfüllung des langersehnten Kinderwunsches und wieder andere denken nur materiell, also ans Geld.

Es ist erwiesen, dass Menschen, die sich selbst lieben, ihre Stärken und Schwächen akzeptieren vom Glück begünstigt werden. Das liegt daran, dass diese Menschen optimistisch durchs Leben gehen, getragen von der Liebe zu sich selbst.

Glückspilze sind neugierig, offen für alles Neue und finden so ihre Chance, ihrem Leben eine neue Richtung zu geben. Mit ihrer positiven Art kommen sogenannte Glücksfälle automatisch auf diese Menschen zu. Aber diese Menschen zeichnet noch etwas anderes aus: Sie haben Selbstbewusstsein, Selbstwertgefühl, Selbstvertrauen und lieben sich selbst! Fällt Ihnen bei der Aufzählung etwas auf? Alle Begriffe beginnen mit dem Wörtchen "SELBST". Gibt Ihnen das zu denken? Wenn ja, haben Sie den Anfang gemacht, sich selbst zu lieben mit Schwächen und Stärken.

Wie man Selbstliebe lernen kann

Jeder Mensch ist einzigartig. Er hat Stärken, Schwächen und so manche Marotte. Aufgrund dieser Eigenschaften ist jeder Mensch liebenswert, hauptsächlich dann, wenn er sich selbst liebt und positiv auf seine Mitmenschen wirkt. Kein Mensch ist perfekt, nicht jeder ist handwerklich oder kaufmännisch begabt. Alle Menschen haben Schwächen, die liebenswert sind, wenn derjenige positiv zu seinen Schwachstellen steht. Wer sich selbst liebt, der hat seine innere Mitte gefunden, ist gelassen, tolerant, ehrlich, verständnisvoll - einfach ein liebenswerter Mensch.

Positiv denken

Grundsätzlich ist positives Denken nicht schwer; doch wer sich über andere ärgert, kann diesen Menschen nichts Positiven abgewinnen. Und doch macht eine positive Denkweise das Leben um einiges leichter. Allerdings darf man die Realität nicht aus den Augen lassen und sich Tagträumen hingeben. Wer versucht mit positivem Denken die Wahrheit zu beschönigen, sie zu übertünchen; bei dem wirkt sich das positive Denken schnell negativ aus. Er hat die positive Denkweise falsch verstanden und angewendet. Damit dies nicht passiert, hier einige Tipps.

Jede Situation akzeptieren wir so, wie sie aktuell ist. Situationen verändern sich laufend, doch wir akzeptieren die aktuelle Situation voll und ganz. Wir haben keine Möglichkeit eine aktuelle Situation zu ändern, wir müssen sie in der Form hinnehmen, wie sie sich gerade darstellt.

Diese Akzeptanz ist die Basis, von der wir unsere Aufmerksamkeit auf die Aspekte richten, die positiv sind. Dabei verzichten wir darauf, auf die gegebene Situation anzukämpfen; das kostet nur unsere Energie. Besser ist, wenn wir die Situation in der gegebenen Form akzeptieren, damit unsere Energie nicht ins Nirgendwo läuft. Wir fokussieren uns nur auf die Aspekte der Situation, die positiv sind und zwar nur auf diese!

Selbstbewusstsein aufbauen

Das ist schon schwieriger für den Einzelnen, insbesondere wenn er viele Jahre vom Partner, den Eltern oder anderen Personen unterdrückt wurde. Oft wurden ihm seine Fähigkeiten, die sicher hatte und noch hat, einfach abgesprochen. Jetzt, da er sich selbst lieben gelernt hat, arbeitet er daran, sein Selbstbewusstsein zu finden, auf- und auszubauen.

Dazu gehört, dass er für sein Leben Verantwortung übernimmt. Dies ist die Grundvoraussetzung für ein Selbstbewusstsein. Doch für sein Leben kann nur derjenige Verantwortung übernehmen, der sich mit all seinen Eigenschaften liebt. Wer diese Grundvoraussetzung voll und ganz akzeptiert, der hat sich verinnerlicht, dass er ganz allein für die Gestaltung seines Lebens verantwortlich ist. Er kann seine Träume realisieren, seinen Traumjob oder seine Traumbeziehung finden. Wer die Schuld für die Widrigkeiten in seinem Leben bei anderen sucht, der vergibt sich die Chance, selbst etwas zu verändern, aktiv zu werden.

Ebenfalls wichtig für den Aufbau des Selbstbewusstseins ist sich seinen Ängsten zu stellen. Das kann durchaus schwer und schmerzhaft sein, doch nur so gehört man zu den Gewinnern.

Eine gute Beschreibung des Lebens ist eine Reise. Sie beginnt mit der Geburt des Menschen, geht über Berge und Täler, mal rauf und mal runter. Wer sich als Reisender im Leben sieht, der kann sich die einzelnen, kleinen Schritte bildlich vorstellen. Aber auch, dass jeder kleine Schritt das angestrebte Ziel näherbringt.

Und noch etwas: Selbstbewusstsein ist kein Artikel, den man kaufen kann. Jeder Mensch muss hart arbeiten, um in kleinen Schritten jeden Tag ein Stückchen weiter voranzukommen. Die Erlebnisse, die man hatte, stärken das Selbstbewusstsein, wenn man auch Niederlagen als Lernprogramm sieht.

Um ein starkes Selbstbewusstsein zu bekommen, sollte man sich auch Zeit zum Nachdenken nehmen. Take it easy – Entspannen Sie doch auch auf Ihrer Reise durchs Leben, denn Stress ist nicht nur eine Behinderung, sondern Ihr Feind, der Sie vom Spaß und der Entspannung in Ihrem Leben abhält.

Und noch etwas: Der Vergleich mit anderen Menschen ist UNNÜTZ! Jeder Mensch ist anders, hat seine Stärken und Schwächen – ein Vergleich bringt überhaupt nichts. Wir vergleichen ja auch nicht Äpfel und Birnen, sondern sehen in jeder Frucht ihre Einmaligkeit.

Um Ihr Selbstbewusstsein richtig aufzubauen, müssen Sie sich auch Situationen stellen, die ungemütlich sind. Bleiben Sie nicht in Ihrer Komfortzone, sondern gehen Sie aus dieser heraus, stellen Sie sich allen Situationen und bauen Sie mit Ihren Erfahrungen ein starkes Selbstbewusstsein auf.

Damit Sie nicht alleine dastehen ist es sinnvoll, ein starkes Umfeld aufzubauen, um so viele positiv denkende Menschen um sich zu haben. Alle Personen, die eine negative Energie haben, sollten Sie von Ihrer Liste streichen, ignorieren und erst gar nicht an sich herankommen lassen.

Gehen Sie raus, kommunizieren Sie mit realen Menschen und lassen Sie Ihr Fernsehgerät zur Ruhe kommen. Lesen ist sinnvoller als sich irgendwelche Seifenopern anzuschauen; jedes Engagement fördert Sie und Ihr Selbstbewusstsein – Kurz: Beschäftigen Sie sich, aber sitzen Sie nicht täglich stundenlang vor dem Fernsehgerät.

Selbstbewusstsein aufbauen bedeutet, dass Sie gleichzeitig Selbstvertrauen aufbauen müssen. Beides gibt Ihnen innere Stärke, die Sie für Ihren Alltag effektiv nutzen können. Es muss nicht immer der Job sein, der

Stärke fordert, auch im privaten Bereich ist Selbstbewusstsein gefragt.

Dies bedeutet jedoch nicht, dass andere Menschen keine eigene Meinung haben dürfen! Selbstbewusstsein bedeutet, dass Sie Ihre eigene Meinung gegenüber sich selbst und anderen vertreten, aber auch so "groß" sind, andere Meinungen zu respektieren und bereit für Kompromisse sind, solange Ihre Meinung dort einfließt.

Stärken finden und anzunehmen

Jeder Mensch hat Stärken – auch Sie! Doch aufgrund Ihres mangelnden Selbstbewusstseins sehen Sie nur Ihre Schwächen und hadern mit sich selbst. Lieben Sie sich selbst, dann erkennen Sie was in Ihnen steckt.

Es ist erwiesen, dass viele Ihrer Stärken in direktem Zusammenhang mit Glück, Gesundheit stehen. Sobald Sie sich gelernt haben sich selbst zu lieben, sind Sie optimistischer und gehen voller Vertrauen und Hoffnung durch die Welt. Damit haben Probleme in Beziehungen, Sport und Beruf keine Chance mehr zu Ihnen durchzudringen und Sie zu belasten.

Sie haben Ihre Stärken gefunden; dann nehmen Sie diese Kraft ohne Wenn und Aber an. Zeigen Sie im Beruf, in Freundschaften, Beziehung aber auch in der Liebe, dass Sie in Bestform sind und mit Ihnen zu rechnen ist.

Sind Sie unsicher, was Ihre starken Seiten sind, dann stehen Ihnen sicher Freunde hilfreich zur Seite. Bitten Sie Freunde Ihnen per E-Mail mitzuteilen, was sie als Ihre starke Seite ansehen. Im Idealfall fügen Freunde auch Beispiele an, damit Ihre starke auch bildlich bei Ihnen ankommt. Dies ist für Sie eine Orientierungsmöglichkeit, die Sie für das Erkennen Ihrer Stärken nutzen.

Und bitte machen Sie dieselben Fehler, die bei Ihrer Erziehung gemacht wurden. Fördern Sie Ihre Kinder und, wenn das Kind sieben Jahre alt ist, auch seine Stärken. Zeigen Sie ihm wie er seine Stärken wirkungsvoll zu seinem und dem Wohle anderer einsetzen kann.

Sich selbst lieben und akzeptieren

Sie haben zwischenzeitlich einen Eindruck davon gewonnen, wie schön es ist, sich selbst zu lieben. Sie lieben Ihr Aussehen, Ihre Stärken und Schwächen werden von Ihnen akzeptiert und geliebt. Dann haben Sie allen Grund sich auf ein intensiv gestaltetes Leben zu freuen, in dem Sie sich entfalten können. Sie fühlen sich gesünder, vitaler und blühen buchstäblich auf.

Sich entfalten

Sie lieben sich selbst und finden: Das Leben ist schön! Sie haben Ihr Selbstbewusstsein aufgebaut, Selbstvertrauen entwickelt und sind bereit, Ihre Stärken und

Schwächen bedenkenlos anzunehmen. Dann haben Sie es geschafft und nun die Möglichkeit, sich zu entfalten.

Bedenken Sie: Das Glück liegt im täglichen Leben! Sie fragen sich sicher: Reicht das was ich tue aus, um meine Talente und Werte in vollem Umfang zu entfalten? Die Antwort von Psychologen wäre ein klares NEIN, denn die meisten Menschen haben nur ein materielles Ziel. Sich zu entfalten hat auch eine materielle Seite, doch geht es hauptsächlich um seelische Belange, um Gefühle.

Aber auch um die Frage, ob Sie sich der Gesellschaft zugehörig fühlen. Sind Sie auch optimistisch, wenn die eine oder andere Sache misslingt? Wenn Sie beide Fragen mit JA beantworten, dann haben Sie die Liebe zu sich selbst nicht nur entdeckt, sondern angenommen und Sie können sich frei entfalten. Sie haben nun die Chance, Ihrem Leben eine neue Richtung zu geben.

Dem Leben eine neue Richtung geben

Sie haben gelernt sich selbst bedingungslos zu lieben, Ihre Stärken entdeckt und Ihre innere Mitte gefunden. Dann machen Sie doch Ihre Wünsche zu Ihren Zielen! Ihr Potenzial, Ihre Stärken haben Sie bereits herausgefunden, dann wird es Zeit, beides offensiv und effektiv umzusetzen. Die Umsetzung ist ein Kreislauf, der sich aus Selbstbewusstsein, Energie für höhere Ziele, klare Ziele und zielgerichtetes Handeln zusammensetzt und damit zu einem Erfolgserlebnis wird.

Gute Ziele erkennen Sie an den 3 M-Kriterien: messbar, machbar, motivierend. Ziele, die für Sie unerreichbar sind, führen zur Entmutigung und damit wieder dazu, dass Sie aufhören sich selbst zu lieben. Planen Sie daher lieber kleine Schritte, denn mit kleinen Schritten kommt man auch sicher an sein Ziel.

Bedenken Sie, wer sich zu hohe Ziele setzt, der verirrt sich leicht, kommt ins Stolpern und gibt auf, weil der Weg zum Ziel zu weit oder zu beschwerlich ist. Anders verhält es sich, wenn Ihr machbar und messbar ist, dann ist es auch für Sie erreichbar. Nehmen Sie den Weg zum Ziel in Ihrem eigenen Tempo auf, ein Schritt nach dem anderen. Hindernisse werden von Ihnen souverän umgangen und letztendlich ist die erste Etappe zum Ziel erreicht, dann die zweite und zum Schluss sind Sie am Ziel. Gratulation!

Kapitel 3

Tipps: Selbstliebe entfalten

Wer sich selbst weder lieben noch akzeptieren kann, ist selbst sein schlimmster Feind. Damit Sie einen Vorgeschmack darauf bekommen, wie Sie lernen können sich selbst zu lieben, haben wir eine Reihe Tipps für Sie zusammengestellt.

Tipps

1. Ab sofort ist Selbstkritik verbannt; Selbstmitgefühl tritt an dessen Stelle, kritisieren Sie sich nicht selbst und machen Sie sich auf keinen Fall klein

2. Akzeptieren Sie sich mit allen Stärken und Schwächen (Fehlern) und Aktivieren Sie Ihre Selbstliebe.

3. Weisen Kritiker sofort mit einem freundlichen Danke, das sehe ich ganz anders zurück

4. Mit Kritikern diskutieren Sie nicht lange, sondern weisen sie zurück.

   Lassen Sie es nicht zu, dass Sie sich selbst in Gedanken Angst einjagen

5. Sie haben es in der Hand, sich selbst den Rücken zu stärken und sich Mut zuzusprechen

6. Seien Sie mit sich geduldig, fahren Sie nicht aus der Haut, wenn mal etwas nicht klappt

7. Eigenlob stinkt nicht, sondern baut Sie auf. Sparen Sie nicht mit Lob, wenn es Fortschritte auf Ihrem Weg zur Selbstliebe gibt, auch wenn die Schritte noch so klein sind

8. Seien Sie nachsichtig mit sich und Ihren Schwächen. Stellen Sie für sich klar, dass Sie kein Monopol für Fehler und Schwächen haben. Durch Kritik wird es nicht besser. Also gehen Sie mit Ihren Schwächen und Fehlern nachsichtig und tolerant um

9. Lächeln Sie sich selbst an; am Besten immer, wenn ein Spiegel in der Nähe ist. Sagen Sie Hallo, ich liebe Dich und schenken Sie sich ein strahlendes Lächeln. Schauen Sie täglich mehrmals in einen Spiegel! Sprechen Sie mit Ihrem

Spiegelbild, sagen Sie "Ich mag mich", Ich sehe gut aus" oder "ich liebe mich". Im Idealfall sind Sie allein in der Wohnung, dann können Sie diese Worte mit Ihrer ganzen Überzeugung, Kraft und Lautstärke sprechen.

10. Sprechen Sie ruhig mit sich selbst, loben Sie sich und planen Sie die Erfüllung Ihrer Träume

11. Sicher haben Sie gute Freunde, doch der beste Freund für Sie sind Sie selbst. Es liegt an Ihnen, wie Sie mit der Liebe zu sich selbst umgehen, sich auf dem Weg dorthin unterstützen.

    Gute Freunde braucht jeder Mensch, Freunde, die Unterstützung und Hilfe anbieten, für kleine und große Sorgen ein offenes Ohr haben.

    Doch viel wichtiger ist, alles Negative aus Ihrem Umfeld zu eliminicren. Menschen, die Sie nur runterziehen, sind für Sie keine Freunde, sondern das Gegenteil.

12. Selbstliebe bedeutet, sich selbst in der Form zu behandeln wie Sie auch einen Freund behandeln.

13. Erfahren Sie Lob und Anerkennung von anderen Menschen, dann sagen Sie einfach nur DANKE ohne irgendwelche Zusätze. Sie brauchen für ein Kompliment nur ein Danke zu sagen und nicht dieses Kompliment weiter geben.

14. Sprechen Sie über sich selbst mit Liebe und Anerkennung. Sind Sie nett, dann ist es wert, dies zu erwähnen. Das gilt auch für Ihre anderen Eigenschaften, die Sie ohne Bescheidenheit erwähnen sollten.

15. Sie gönnen anderen Menschen viel; es wird Zeit, dass Sie sich etwas gönnen. Eine Pause, ein Stück Kuchen, auch wenn es viel zu viel Kalorien hat oder ein Wellness-Wochenende. Das können Sie sich nur gönnen, wenn Sie sich selbst wichtig sind. Im ersten Schritt entscheiden Sie, was Sie sich gönnen, im zweiten Schritt setzen Sie Ihre Entscheidung um; der Rest folgt von alleine.

16. Lassen Sie es sein, sich zu verurteilen für ein Gefühl, das anderen nicht gefällt. Ihnen gefallen sicher auch nicht alle Gefühle von anderen Menschen; warum werden Sie wütend, laut und sind dabei über zu reagieren? Auch wenn andere Sie für Ihre Gefühle verurteilen; es sind Ihre Gefühle, die Sie lieben und die Sie einmalig machen. Lassen Sie doch andere nachtragend sein; Sie kommen damit klar.

17. Auch wenn Sie mal Mist gebaut haben, ist das keine große Sache. Fehler lieben nun einmal in der Natur der Menschen. Verzeihen Sie sich Ihre Fehler. Übrigens vieles wird von anderen Menschen als Fehler angesehen, obwohl es keine Fehler sind. Denken Sie immer daran:

Menschen, die keine Fehler machen, sitzen im Glashaus und werfen oft den ersten Stein.

18. Seien Sie stolz auf sich und Ihre Leistungen. Denken Sie an die Vergangenheit und an die Dinge, die Sie bewältigt haben. Loben Sie sich und klopfen Sie sich immer auf die Schulter, wenn Ihnen etwas gelingt.

19. Lieben Sie sich so, wie Sie sind! Sagen Sie das immer wieder zu sich selbst und schenken Sie sich zukünftig mehr Zeit für sich. Jeden Tag werden Sie etwa 15 Minuten finden, die Ihnen allein gehören. In dieser Zeit sollten Sie sich positiv mit sich selbst beschäftigen.

20. Jeder Mensch hat einen "inneren Schweinehund", der ständig kritisiert und Aktivitäten behindert. Schmeißen Sie Ihren inneren Schweinehund raus: Öffnen Sie Ihre Wohnungstür und werfen – natürlich symbolisch – diesen unmöglichen Zeitgenossen aus der Wohnung! Geht er nicht freiwillig, dann sagen Sie sofort STOPP, wenn er es wagt, sich wieder einmal zu Wort zu melden.

Kapitel 4

Zusammenfassung

Selbstliebe hat für einige Menschen einen bitteren Beigeschmack. Wurde ihnen doch von Kindesbeinen an erklärt, dass Selbstliebe egoistisch ist und man mit Bescheidenheit durchs Leben gehen soll. Eigenlob stinkt und viele andere anderer solch unnützer Sprichworte waren in die Erziehung integriert. Eine solche Erziehung geht an keinem Menschen spurlos vorüber – im Gegenteil! Diese Menschen lieben sich nicht, sparen nicht mit Kritik und Schelte hauptsächlich sich selbst gegenüber.

Selbstliebe hat nichts mit Egoismus zu tun, auch nicht mit Narzissmus! Jeder Mensch ist einzigartig; seine Stärken, Schwächen und Fehler machen aus ihm ein Unikat. Menschen, die sich selbst nicht lieben sind unterwürfig, fast demütig, verleugnen sich und ihre Meinung und ordnen sich anderen Menschen unter.

Die Menschen, die zu ihren Stärken, Schwächen und Fehlern stehen, sind selbstbewusst und besitzen ein starkes Selbstvertrauen. Auch wenn die eine oder andere Sache misslingt, nehmen sie das nicht tragisch, sondern gehen das Risiko ein, nochmals anzufangen. Sie haben Selbstachtung, Selbstvertrauen und Selbstbewusstsein – alles Unterbegriffe der Selbstliebe. Wer sich selbst liebt, der geht gestärkt durch das Leben.

Wir haben Ihnen gesagt, dass Ihre Augen das Spiegelbild Ihrer Seele sind. Wenn Sie morgens in den Spiegel schauen, was sehen Sie? Trübe Augen ohne Glanz und Hoffnung? Dann ist es an der Zeit, dass Sie lernen sich selbst zu lieben und zwar bedingungslos.

Sie haben kein Monopol auf Schwächen und Fehler; alle Menschen haben beides! Akzeptieren Sie Ihre Eigenschaften, ob gut oder weniger gut, denn diese machen Sie einzigartig und heben Sie aus der Masse hervor.

Sprechen wir über Ihre Gefühle, die Sie beschleichen, wenn Sie in den Spiegel blicken. Wut, Verzweiflung, Hoffnungslosigkeit – das sind keine positiven Gefühle. Sie müssen endlich lernen, sich und Ihre Eigenschaften zu akzeptieren und zu lieben.

Als Erstes ist es wichtig die innere Mitte zu finden. Nur wenn Körper, Geist und Seele in Einklang sind, haben Sie Ihr inneres Gleichgewicht gefunden. Wie Sie Ihre innere Mitte finden, können wir Ihnen nicht genau sagen. Grund dafür ist, dass jeder Mensch einzigartig ist und deshalb eine eigene Methode hat, um die innere Balance zu bekommen. Wir können Ihnen nur Beispiele zeigen, wie Sie Ihre innere Mitte finden können. Bevor Sie sich auf die Suche nach Ihrer inneren Mitte machen, sollten Sie die Frage, wo Ihr wunder Punkt ist, beantworten. Dann suchen Sie das Verfahren aus, welches Sie bei der Suche nach Ihrer inneren Mitte begleiten soll.

Die Menschen verstellen sich, um vor anderen gut dazustehen. Sie wollen von anderen Menschen Liebe, Anerkennung, Zuneigung erhalten und verschwenden dabei viel Energie und Zeit. Fakt ist: Nur wer sich selbst liebt, kann diese Liebe an andere weitergeben. Akzeptieren Sie sich so, wie Sie wirklich sind! Lieben Sie sich, Ihre Stärken und Schwächen, dann glänzen Ihre Augen hoffnungsvoll, zufrieden, wenn Sie sich das nächste Mal im Spiegel betrachten.

Selbstliebe hat viele positive Auswirkungen. Wer sich selbst liebt, seine Eigenschaften vorbehaltlos akzeptiert, der meistert seinen Alltag. Er lechzt nicht nach der Zuneigung von Dritten, sondern er ist völlig unabhängig, ohne Angst, von anderen Menschen nicht anerkannt zu werden. Er sagt offen und frei seine Meinung, tut das, was er für richtig hält. Er ist aber nicht so borniert, dass er andere Meinungen nicht gelten lassen kann. Er zeigt seine "innere Größe", indem er die Meinung anderer akzeptiert und toleriert.

Wer sich selbst liebt ist emotional stärker und stabiler, aber auch unabhängiger von den Zuwendungen Dritter. Er stellt an andere Menschen keine Erwartungen, sondern nimmt sie so, wie sie sind.

Jeder Mensch ist einzigartig, was ihn erfolgreich machen kann, weil er risikobereiter, entscheidungsfreudiger ist. Beides macht sich im Berufsleben wie auch im privaten Alltag bezahlt. Anderen Menschen zu helfen ist eine schöne Sache, doch wer sich in Selbstlosigkeit verliert, der muss sich die Frage stellen: Wen habe ich vergessen? Die Antwort gibt die Seele selbst: Dich selbst!

Wenn Sie sich selbst vergessen, weder lieben noch akzeptieren, dann haben Sie keine freie Energie, um anderen zu helfen. Sie lieben sich nicht selbst – welche Liebe wollen Sie dann teilen? Nur wer sich selbst liebt, kann auch andere lieben und seine Liebe mit anderen teilen. Es gibt keine Nächstenliebe ohne Selbstliebe, denn was man nicht hat, kann man auch nicht teilen, das ist Fakt.

Zufriedenheit, Glück ist für die meisten Menschen wichtig in ihrem Leben. Doch Glück hat viele Seiten; viele Menschen glauben, wenn sie dem Geld nachrennen, werden sie glücklich. Das ist tückisch, denn Geld allein macht nicht glücklich. Oft lässt materieller Überfluss die Menschen vereinsamen.

Wer dem Glück nachrennt, der wird dies sein Leben lang erfolglos tun. Begünstigt vom Glück sind die Menschen, die sich selbst lieben, diese Liebe teilen und optimistisch durchs Leben gehen. Glücksfälle treffen die Menschen, die ihr Leben positiv und optimistisch meistern, offen für neue Chancen sind und das Risiko eingehen, ihrem Leben eine neue Richtung zu geben.

Wir haben Ihnen gezeigt, dass positives Denken der Anfang zur Selbstliebe sein kann. Daneben haben wir beschrieben, wie Selbstbewusstsein aufgebaut werden kann. Dazu gehört, dass jeder für sein Leben Verantwortung übernimmt und nicht anderen die Schuld für Misserfolge zuschiebt. Alle Menschen machen Fehler; doch nur wenige sind bereit, zu ihren Fehlern zu stehen. Um Selbstbewusstsein zu erlangen ist viel Arbeit notwendig und zwar Arbeit an sich selbst. Nehmen Sie sich Zeit zum Nachdenken, lassen Sie Ihr Leben Revue passieren und setzen Sie sich neue Ziele. Wer sich selbst liebt, seine Schwächen, Fehler und Stärken akzeptiert, der wird keine Probleme haben, seinem Leben eine neue Richtung zu geben. Er kann sich entfalten, seine Talente fördern und findet das Glück, dass ihm im Alltag zuteilwird. Daneben haben wir vorgeschlagen, ein neues Ziel zu finden, das messbar, machbar und motivierend ist. Dieses Ziel sollten Sie mit kleinen Schritten anstreben, damit der Weg nicht voller Hindernisse ist. Jeder Schritt, sei er auch noch so klein, führt Sie zu Ihrem Ziel, langsam aber sicher!

Wir haben für Sie einige Tipps zusammengestellt, die Ihnen zeigen, wie Sie lernen können sich selbst zu lieben. Wichtig ist, dass Sie morgens Ihrem Spiegelbild sagen: Hallo, ich liebe dich oder ich mag dich! Sagen Sie es laut und deutlich! Seien Sie nicht nur mit anderen geduldig, sondern auch mit sich selbst. Sie sollten sich weder kritisieren, noch klein machen, sondern alles, was Sie tun, akzeptieren. Gehen Sie mit sich selbst so um, wie Sie es mit einem guten Freund tun würden! Loben Sie sich, trösten Sie sich, wenn etwas nicht klappt und unterstützen Sie sich selbst und vor allen Dingen, seien Sie mit sich selbst nachsichtig! Kleine Schritte auf dem Weg zur Selbstliebe, die im Koffer Selbstvertrauen, Selbstbewusstsein und Selbstachtung hat.

Wir wünschen Ihnen viel Erfolg!

Kapitel 5

Leseprobe – Hygge - Ein Lebensstil der wirklich Glücklich macht - Das Glück, das Sie nicht kaufen können

Einleitung

Ein Lebensstil, der glücklich macht? Ja, den gibt es! Hygge nennt sich der neue Lifestyle-Trend und verspricht mehr Zufriedenheit im Alltag. Dieser Ratgeber erklärt dir, was Hygge überhaupt ist, warum es glücklich macht und wie du deinen Alltag rundum hyggelig gestaltest.

Keine Sorge, es sind keine unangenehmen Veränderungen.

Ganz im Gegenteil: Mit Hygge wirst du dein Leben von Tag zu Tag mehr genießen und die Kleinigkeiten mehr und mehr zu schätzen wissen.

Was bedeutet Hygge?

Die Dänen wurden schon vier Mal zum glücklichsten Land der Welt gekürt und auch sonst stehen sie auf dieser Liste ganz weit oben. Irgendetwas muss das skandinavische Land also richtigmachen. Etwas, was wir Deutschen anscheinend nicht tun.

Das Stichwort lautet „Hygge". Das Lebensgefühl kommt aus Dänemark und entspringt dementsprechend auch der dänischen Sprache. „Hyggelig" hat seinen Ursprung im Substantiv „hu", das ist ebenfalls dänisch und bedeutet „Sinn" oder „Gedanke".

„Hyggclig" ist von dessen Ursprung nicht weit entfernt und bedeutet „nachdenklich" oder „sorgfältig" und genau darum geht es bei dem Lifestyle.

Hygge soll ein angenehmes Gefühl verbreiten, sich wohlzufühlen ist oberste Priorität. Das Lebensgefühl Hygge hilft dir dabei, genau dieses Gefühl Tag für Tag zu spüren.

Das absolute Gegenteil ist natürlich unhyggelig. Was das genau ist, erfährst du am Ende dieses Ratgebers.

Worum geht es bei Hygge?

Bei Hygge geht es um viel mehr als „nur" glücklich sein. Es geht vor allem darum, diesen Zustand des Glücks und der Zufriedenheit zu erreichen. Ganz nach dem Motto „der Weg ist das Ziel".

Wer hyggelig lebt, der verwandelt seine eigenen vier Wände zu einem Wohlfühlort. Wer hyggelig ist, der kann sich schon an den Kleinigkeiten des Lebens erfreuen und genießt gemeinsame Stunden mit seinen Freunden, ganz ohne Smartphone natürlich.

Das Tolle an dem Hygge-Trend ist es, dass er unter Umständen gar nichts kosten muss. Egal ob du viel Geld besitzt oder gerade so über die Runden kommst: Zum Hyggeln brauchst du nicht viel Geld. Es geht primär darum mit dir selbst glücklich zu sein, den Moment zu genießen und negative Gedanken hinter dir zu lassen.

Den Moment genießen kannst du, indem du die Kleinigkeiten in deinem Alltag wertschätzt. Wie du das anstellt, erfährst du in den folgenden Kapiteln.

Gegebene Dinge genießen, wie beispielsweise die Natur, egal zu welcher Jahreszeit, gehört auch zum Hyggeln dazu.

Aber nicht nur Zeit mit dir allein auch gemeinsam macht Hygge unfassbar glücklich.

Bei dem dänischen Lifestyle geht es vor allem darum, deinem hektischen Alltag einen Strich durch die Rechnung zu machen. Dieser hetzt dich von Ort zu Ort, aber nicht mehr mit dir.

Innehalten, durchatmen und die Fähigkeit eine Pause machen zu können, sind vor allem heute keine Selbstverständlichkeit mehr. Hygge bringt dir bei, wieder mehr auf dein Inneres zuhören, in dich hinein zu horchen und zu erkennen, was du gerade wirklich brauchst.

Weiter lesen auf Amazon:

Autorenseite (*http://amzn.to/2shvBCJ*)

Selbsterkenntnis

... IST DER PROBLEMLÖSER!

Kapitel 1

Die lange Suche nach dem eigenen Ich

Seit Urzeiten ist der Mensch auf der Suche nach seinem eigenen Selbst. „Wer bin ich wirklich?“ und „Was ist meine Bestimmung?“ sind die Fragen, die sich Menschen stellen, seit sie ein Bewusstsein für das Eigene und das Fremde, für Vergangenheit und Zukunft entwickelt haben. Sterndeuter und Magier, Spirituelle und Geistliche, Wissenschaftler und Persönlichkeitsforscher haben sich über diesen Fragen den Kopf zerbrochen und dabei unzählige Denkweisen entwickelt, die uns unserem eigenen Ich näher bringen sollen.

Die moderne Wissenschaft gibt den Forschern insoweit Recht, als dass sie es als ungemein wichtig für unsere Persönlichkeitsbildung und Lebenszufriedenheit erachtet, uns selbst gut kennen zu lernen. Denn während es uns bei anderen häufig leicht fällt, ihren Charakter zu bewerten, ihre positiven und negativen Seiten zu beschreiben, so scheitern wir bei uns selbst allzu oft an dieser Aufgabe.

Psychologische Phänomene wie Verdrängung, Schuld und Scham spielen eine Rolle dabei. Aber häufig halten wir auch eine Illusion unserer selbst aufrecht, um uns und andere zu täuschen und der Konfrontation mit dem eigenen Ich zu entgehen. So laufen wir wie blind durchs Leben und tappen immer wieder in die gleichen Situationen, an denen wir scheitern. Wir schaffen es nicht, unserem Leben eine Richtung zu geben und unsere Wünsche Wirklichkeit werden zu lassen.

Doch Selbsterkenntnis, ein positives Selbstbild und Kontrolle über die eigene Gefühlswelt zu erlangen, ist gar nicht so schwer! Denn so abstrakt der Begriff klingt: Es gibt ganz handfeste Methoden, die dich auf der Reise ins eigene Ich leiten können.

In diesem Ratgeber findest du hilfreiche psychologische Testverfahren, die dir spannende Erkenntnisse über deine eigene Persönlichkeit liefern können. Methoden zur Schulung der Selbstreflexion und praktische Übungen zum besseren Verständnis deines eigenen Ichs und der Funktionsweise deines Gehirns ergänzen das Angebot.

So bekommst du alles Nötige an die Hand, um dich auf eine Reise in dein eigenes Ich zu begeben und so zu mehr Selbsterkenntnis zu gelangen. Und auch wenn der Weg nicht immer leicht ist und die eine oder andere Enttäuschung bereit hält – am Ende wirst du viel selbstsicherer und souveräner sein, freier und authentischer leben können, aufrechte und warmherzige Beziehungen zu Menschen führen, die dich wirklich lieben und deine Träume verwirklichen können!

Kapitel 2

Was ist Selbsterkenntnis?

Selbsterkenntnis – leichter gesagt als getan, oder? Wenn überhaupt haben wir eine eher abstrakte Vorstellung davon, was das eigentlich ist. Wir können uns recht wenig darunter vorstellen.

Daher soll es zunächst darum gehen, was Selbsterkenntnis bedeutet und welche Elemente sie beinhaltet. Darum geht es in diesem Kapitel.

Der Begriff klingt gar nicht kompliziert und ist im Prinzip selbsterklärend: Bei der Selbsterkenntnis geht es um das Erkennen des eigenen Selbst. Also darum, herauszufinden, wer und wie man wirklich ist.

Doch was heißt das genau? Und wie kann das überhaupt funktionieren?

Fünf zentrale Elemente prägen die Selbsterkenntnis:

- Die Kenntnis der eigenen Fähigkeiten („Was kann ich, was sind meine Stärken und Schwächen?“)
- Die Kenntnis des eigenen Ichs („Wer bin ich?“)
- Die Kenntnis der eigenen Vergangenheit (Wie bin ich zu dem Menschen geworden, der ich heute bin?“)
- Die Beschäftigung mit der eigenen Zukunft („Wer will ich sein? Welche Ziele verfolge ich?“)
- Die Kenntnis der eigenen Bedürfnisse („Was brauche ich?“)

Eine stetige Beschäftigung mit diesen Fragen und die ernsthafte Suche nach Antworten sind die Quintessenz zur Erlangung von Selbsterkenntnis. Doch um sich auf den Weg zu mehr Selbsterkenntnis machen zu können, muss man einige wichtige Voraussetzungen erfüllen.

Selbst-Bewusstsein

Selbst-Bewusstsein meint, sich seiner selbst in seiner Umwelt bewusst sein. Das heißt, sich selbst als Teil des „großen Ganzen“ zu verstehen und seine Rolle hinterfragen zu können.

Selbst-Reflexion

Auch wenn es manchmal wehtut, muss der eigene Charakter und das eigene Handeln stets hinterfragt werden, um in Kontakt mit dem eigenen Inneren zu kommen. Man muss sich der eigenen Gefühle, Gedanken und der eigenen Anteile an Situationen bewusst werden, um sich selbst besser kennen lernen zu können.

Selbst-Beobachtung

Auf dem Weg zur Selbsterkenntnis ist es außerdem notwendig, sich selbst zu beobachten. Wie handele ich? Wie verhalte ich mich anderen Menschen gegenüber? Wie wirke ich auf andere? Auch das Feedback Außenstehender kann in diesem Bereich wichtige Erkenntnisse liefern.

Selbst-Kritik

Nicht zuletzt ist es wichtig, auch zu Kritik am eigenen Ich, dem eigenen Charakter und den eigenen Handlungen fähig zu sein. Denn auch wir sind nicht perfekt. Daher ist Ehrlichkeit auch in Bezug auf das Selbst ungemein wichtig, um sich wirklich gut kennen zu lernen.

KAPITEL 3

Warum fällt es uns so schwer, uns selbst zu erkennen? Und warum ist es so wichtig, das zu lernen?

Auch wenn Selbsterkenntnis unbedingte Voraussetzung für unsere Persönlichkeitsentwicklung ist, fällt sie vielen von uns erstaunlich schwer.

Anstatt unser eigenes Ich zu ergründen und zu hinterfragen, leben wir in konstanter Selbsttäuschung. Das führt dazu, dass wir immer wieder an den gleichen Dingen, Personen und Situationen in unserem Leben scheitern.

Denn anstatt in uns zu gehen und herauszufinden, was in uns bestimmte Gefühle, Gedanken und Verhaltensweisen auslöst und uns so in immer wieder die gleichen Situationen manövriert, machen wir andere Menschen oder das Schicksal dafür verantwortlich. Das ist zwar zunächst die einfachere Lösung, denn sie beugt Enttäuschungen vor. Doch auf der anderen Seite können wir uns so nicht weiterentwickeln und stehen uns langfristig selbst im Wege.

Doch analysieren wir genau, welche Hindernisse wir auf dem Weg zur Selbsterkenntnis überwinden müssen.

Enttäuschungen

Das Wort „Enttäuschung" ruft zumeist negative Assoziationen hervor. Wir denken an eine nicht erfüllte Erwartung, einen Wunsch oder Traum, der niemals Wirklichkeit geworden ist.

Doch so seltsam es klingt: Die Ent-Täuschung hat auch etwas Positives an sich. Denn, ganz im eigentlichen Sinne des Wortes, lässt sie uns erkennen, dass wir einer Täuschung erlegen sind. Eine Täuschung, die sich auflöst hat und der Wirklichkeit Platz macht.

Und genau das passiert beim Prozess der Selbsterkenntnis: Wie lösen uns von den Illusionen, die wir uns über uns selbst gemacht haben. Das ist natürlich auch mit Schmerz verbunden. Aber unser Selbstbild wird so wirklichkeitsgetreuer und reflektierter. Und das ist die

Grundlage dafür, um uns selbst aufrichtig lieben zu können und in unserem Leben weiterzukommen.

„Vielleicht bin ich doch gar nicht intelligenter als alle anderen?" „Habe ich in meinem Inneren Angst vor anderen Menschen?" „Vielleicht bin ich gar nicht so beliebt, wie ich immer dachte." Dies können enttäuschende Erkenntnisse auf dem Weg zur Selbsterkenntnis sein. Aber sie bilden die Basis für ein authentisches Selbstbild und persönliche Weiterentwicklung.

Schluss mit der Schauspielerei

Unsere Selbsttäuschung ist unsere „Verbündete" bei der Täuschung anderer. Wie das? Wenn wir unseren eigenen Lügen glauben, dann können wir sie natürlich auch viel glaubwürdiger anderen gegenüber verkaufen.

Doch wenn der Betrug mit Hilfe der Selbsterkenntnis aufgeflogen ist, dann fällt es schwer, diese Lügen „guten Gewissens" anderen gegenüber aufrecht zu erhalten.

Insofern zieht der Prozess der Selbsterkenntnis auch Veränderungen in unseren Beziehungen zu anderen nach sich. Und das kann schmerzhaft sein.

Doch ein reflektiertes Selbstbild ist nicht nur die Grundlage für die eigene Persönlichkeitsentwicklung, sondern auch Basis für aufrichtige Beziehungen. Denn nur, wenn wir uns selbst gut kennen, dann können wir auch eine gute Partnerwahl treffen, uns unseren Mitmenschen gegenüber authentisch präsentieren und müssen keine „Rolle spielen". Das entspannt ungemein und führt dazu, dass Beziehungen warmherzig und offen sein und in die Tiefe gehen können.

Schuld und Scham

Jeder von uns fühlt sich schuldig für irgendetwas. Und jeder von uns hat sich schuldig gemacht – das ist eine Tatsache.

Da Schuld aber ein sehr schlimmes und schmerzhaftes Gefühl ist, verdrängen wir sie. Wir machen andere Menschen oder die Umstände für das geschehene Unrecht verantwortlich, betäuben uns, reden die Vergangenheit schön oder vermeiden es schlichtweg, uns mit ihr zu beschäftigen. All das hilft uns, uns nicht mit der eigenen Schuldigkeit auseinanderzusetzen und so den Schmerz nicht zu fühlen.

Gleiches gilt für Scham. Ein ähnlich unangenehmes Gefühl, bei dem wir alles tun, um es nicht fühlen zu müssen.

Doch um zu Selbsterkenntnis zu gelangen, ist auch dieser qualvolle Schritt notwendig. Wir müssen lernen, uns vergangene Fehler einzugestehen, ohne sie zu beschönigen. Wir müssen analysieren, wie Vergangenheit uns zu dem Menschen gemacht haben, der wir heute sind und welche Gefühle bestimmte Dinge aus unserer

Vergangenheit auch heute noch in uns auslösen. Wir müssen lernen, uns Fehler zu verzeihen, auch wenn die Schuld groß ist. Und wir müssen lernen, mit einem liebevollen Blick auch auf unser vergangenes Ich zu schauen. Denn dieser Mensch hat uns zu dem gemacht, der wir heute sind, und uns viele wichtige Dinge gelehrt. So schaffen wir es, uns in unserer Ganzheit zu akzeptieren, nicht mehr in einer Illusion zu leben und uns lieben zu lernen.

Nachdem du gesehen hast, wie schwierig und schmerzhaft der Prozess der Selbsterkenntnis sein kann fragst du dich vielleicht, ob es überhaupt notwendig ist, ihn zu begehen. Oder ob du nicht einfach weiter glücklich mit deinem illusionären Selbstbild leben kannst.

Doch das ist nicht der Fall. Denn auch wenn der Prozess qualvoll sein kann: Letztendlich ist Selbsterkenntnis der Schlüssel zu Zufriedenheit und erfüllenden Beziehungen in deinem Leben und die Grundlage, um die Kontrolle über dein Leben gewinnen zu können und so deine Träume Wirklichkeit werden zu lassen.

Lerne im Folgenden, was genau dir die Selbsterkenntnis bringt:

- Selbsterkenntnis ist die Basis für **Selbstliebe**. Wenn wir jemand anderen lieben und es sich herausstellt, dass die Person uns getäuscht hat und in Wahrheit jemand ganz anderes ist, dann würden wir sicher nicht mehr von Liebe sprechen. Denn die Person, die wir geliebt haben, existiert nicht. Genauso ist es mit der Selbstliebe. Selbstliebe kann es nur geben, wenn wir uns wirklich kennen und unsere Schwächen und Limitationen akzeptieren.

Ein Beispiel: Ein Mensch liebt sich für seine Eloquenz, seine Small-Talk-Fähigkeiten und wie es ihm gelingt, andere Menschen mit seinen Worten für sich einzunehmen. Doch wenn dahinter der Glaube steht, er sei den anderen Menschen geistig und verbal überlegen, sodass er sie manipulieren könne, dann ist das keine liebenswerte Eigenschaft mehr.

Daher würde auf dem Weg zur Selbsterkenntnis stehen, diese Glaubenssätze zu hinterfragen und zu analysieren, warum die Person so denkt. Vielleicht ist sie in ihrem Innersten schüchtern und überspielt diese Eigenschaft durch Arroganz? Was auch immer der Grund ist: Die Maske muss fallen. Denn nur so wird die Person auch ihre Schwächen erkennen und akzeptieren lernen und gleichzeitig unentdeckte positive Eigenschaften ihrer selbst erfahren. Und so keine Illusion mehr, sondern sich selbst lieben lernen.

- **Lebensenergien** werden frei. Das klingt zunächst abstrakt, ist aber ganz einfach: Das Leben in einer Täuschung kostet wahnsinnig viel Kraft. Ständig müssen wir uns selbst und andere von der Illusion überzeugen und gleichzeitig die Angst, dass die Wahrheit ans Licht kommt, unterdrücken. Das kostet ungeheuer viel Kraft. Wenn wir es dagegen schaffen, unser Selbst anzuerkennen und lieben zu lernen, dann werden die Energien, die wir zuvor zur Aufrechterhaltung der Illusion unseres Selbst verwendet haben, frei. Sobald der Schmerz der Enttäuschung überwunden ist, fällt uns „ein Stein vom Herzen", wir fühlen uns unbeschwerter und voller Energie.

- Selbsterkenntnis hilft uns, mit **Kritik** und **Rückschlägen** umgehen zu lernen. Wenn wir in einer Selbsttäuschung leben, dann neigen wir dazu, Kritik abzuwehren. Zu groß ist die Gefahr, dass das Gegenüber „ins Schwarze getroffen hat" und unsere Maske zu bröckeln beginnt. Also wehren wir uns gegen die Kritik, um unser illusorisches Selbstbild nicht in Gefahr zu bringen.

Gleiches gilt für Rückschläge: Bevor das Problem, die Enttäuschung und der Konflikt uns buchstäblich „zu nahe geht" und unser Selbstbild in Gefahr bringen könnte, wehren wir die Auseinandersetzung mit ihnen ab: Wir flüchten, suchen die Schuld bei anderen oder beim Schicksal, werden wütend oder resignieren.

Doch wenn wir beim Prozess der Selbsterkenntnis gelernt haben, uns selbst wirklich kennen und lieben zu lernen, dann können wir auch mit Kritik und Rückschlägen viel lockerer umgehen:

„Die Präsentation war jetzt aber nicht so toll..." „Ja, ich weiß. Es macht mir Probleme, vor anderen Menschen zu sprechen. Ich bin dann immer sehr nervös. Aber ich arbeite daran." „Meine Freunde ziehen sich zurück." „Ich bin ein Mensch, der sehr viel Nähe braucht. Ich liebe es, im ständigen Austausch mit anderen zu stehen. Aber meine Freunde sind nicht so wie ich. Sie brauchen mehr Raum für sich. Ich möchte lernen, auch aus dem Alleinsein Zufriedenheit zu schöpfen." „Ich wurde entlassen." „Mein Job war letztlich nicht das, was ich wirklich tun wollte und was mir bei der Verwirklichung meiner Lebensziele geholfen hat. Daher habe ich nicht alles gegeben. Ich möchte etwas finden, was mir und meinen Wünschen mehr entspricht." Das sind Beispiele, wie die Selbsterkenntnis uns helfen kann, Kritik positiv aufzunehmen und zu nutzen, anstatt sie abzuwehren.

- Selbsterkenntnis bringt uns unseren **Zielen** näher. Im Prozess der Selbsterkenntnis nehmen wir auch unsere Zukunft in den Blick: „Wer möchte ich sein?" „Was sind meine Ziele und Wünsche für die Zukunft?"

- So können wir **Pläne entwickeln** und unsere Zukunft selbstbestimmt gestalten. Anstatt uns ausgeliefert zu fühlen, nehmen wir unser Schicksal selbst in die Hand.

- Selbsterkenntnis bringt unsere **positiven Eigenschaften** zum Vorschein. Denn sehr häufig entdecken wir, wenn wir uns selbst besser kennen lernen, ungeahnte Stärken und liebenswerte Eigenschaften in uns selbst.

Anstatt uns und andere von vermeintlichen Stärken zu überzeugen, die Teil unseres illusionären Selbstbilds sind, lernen wir, worin wir wirklich gut sind und was uns liebenswert macht. So können wir unsere Sonnenseite voll ausspielen und werden dadurch zufriedener und auch für andere liebenswerter.

- Selbsterkenntnis ist die Voraussetzung für echtes **Selbstvertrauen**. Denn wir können nur jemandem vertrauen, den wir wirklich gut kennen. Das gilt für andere, aber auch für uns selbst. Wenn wir uns also selbst besser kennen lernen und uns unserer Stärken und Schwächen bewusst werden, so können wir reflektiertere Entscheidungen treffen, die unseren Fähigkeiten entsprechen und können analysieren, wo und wie wir unsere Stärken am besten einsetzen können. So trauen wir uns auch Dinge zu, die wir vorher aus Angst vor dem Scheitern nicht gewagt hätten. So gewinnen wir an Selbstvertrauen.

- Wir übernehmen die **Kontrolle** über unsere **Handlungen**. Impulsive, unüberlegte Handlungen sind meist die Folge von unterschwelligen starken Emotionen wie Angst oder Wut.

Doch mit Hilfe der Selbsterkenntnis wird uns auch klar, welche unterdrückten Gefühle unsere Handlungen leiten und uns „kopflos“ machen. So sind wir in der Lage, an diesen unterschwelligen Gefühlen zu arbeiten und so auch vernünftigere und bessere Entscheidungen zu treffen.

- Selbsterkenntnis macht uns weniger **manipulierbar**. Menschen, die uns manipulieren wollen, setzen meist bei unseren unterdrückten Gefühlen bzw. Bedürfnissen an. Sie streicheln unser Ego, schüren schamhafte Ängste oder lassen die Erfüllung geheimer Wünsche scheinbar Wirklichkeit werden – so lassen sie uns nicht mehr rational, sondern emotional gesteuert entscheiden.

Selbsterkenntnis jedoch hilft uns, diese unterdrückten Persönlichkeitsanteile ans Licht zu bringen und so Manipulationen wirksam widerstehen zu können.

- Selbsterkenntnis macht uns **souverän**. Auch in schwierigen Situationen, gegen Widerstände und bei folgenreichen Entscheidungen überlegt, selbstsicher und authentisch bleiben zu können – wer will das nicht?

Doch Souveränität erlangt man nicht ohne Selbsterkenntnis. Denn sie gibt uns das Selbstvertrauen, die Rationalität und das Durchhaltevermögen, die wir brauchen, um Situationen souverän meistern zu können. So fühlen wir uns nicht nur innerlich selbstsicher und der Situation gewachsen, sondern wirken auf andere vertrauenerweckend.

- Selbsterkenntnis hilft uns, unsere **Ziele zu erreichen**. Denn durch sie lernen wir, wer wir wirklich sind und was wir wirklich wollen. So können wir Ziele für unser Leben definieren und ihr Erreichen in Angriff nehmen, statt uns willenlos treiben zu lassen.

- Selbsterkenntnis ermöglicht **echte Beziehungen**. Denn sie sorgt dafür, dass oberflächliche Bekanntschaften ihren Sinn verlieren. Wir werden uns klar darüber, wer uns wirklich wichtig ist. Das kann den Freundeskreis zwar deutlich verkleinern – aber die, die übrig bleiben, sind wahre Freunde und eine riesige Bereicherung für unser Leben.

- Selbsterkenntnis sorgt für mehr **Zufriedenheit** im Leben. Als Ergebnis all der positiven Veränderungen, die die Selbsterkenntnis in uns hervorruft, gelangen wir zu deutlich mehr Freude in Job und Privatleben. Wir gehen bewusster und authentischer durchs Leben, fühlen uns frei und energiegeladen und sind in der Lage, aufrichtige und erfüllende Beziehungen aufzubauen und zu leben.

Kapitel 4

Methoden, um zu mehr Selbsterkenntnis zu gelangen

Nachdem du nun gesehen hast, wie wichtig es ist, sich selbst kennen zu lernen und wie viele positive Veränderungen die Selbsterkenntnis bringt, fragst du dich sicherlich, wie du es konkret schaffen kannst, zu mehr Selbsterkenntnis zu gelangen.

Daher lernst du in diesem Kapitel viele hilfreiche Strategien, die dir bei der Erkenntnis deines eigenen Ichs helfen können.

Beginnen wir mit den Testverfahren. Dies sind spannende Persönlichkeitstests, die dir viele interessante Dinge über dich selbst verraten und dir so tiefere Einblicke in dein eigenes Ich gewähren können.

Der Tibetische Persönlichkeitstest

Der tibetische Persönlichkeitstest besteht aus nur drei einfachen Fragen. Doch trotz seiner Kürze kann er sehr interessante Fakten über dein Innerstes offenbaren.

Bei der Beantwortung der Fragen ist es wichtig, dass du so spontan und intuitiv wie möglich antwortest. Du brauchst nichts weiter als einen Zettel und einen Stift. Die Auflösung findest du am Schluss.

Aufgabe 1

Bringe die folgenden fünf Tiere in deine eigene Reihenfolge:

- Kuh, Tiger, Schaf, Pferd, Schwein

Aufgabe 2

Beschreibe mit einem Adjektiv die folgenden Dinge:

- Hund =
- Katze =
- Ratte =
- Kaffee =
- Meer =

Aufgabe 3

Ordne den Farben jeweils eine dir persönlich bekannte Person zu:

- gelb =
- orange =
- rot =
- weiß =
- grün =

Auflösung

Die Beantwortung der ersten Aufgabe lässt dich erfahren, was deine Prioritäten im Leben sind.

Das Schaf steht für die Liebe,

das Schwein für Geld,

der Tiger für das Selbstwertgefühl,

das Pferd für die Familie und

die Kuh steht für die Karriere.

Die zweite Aufgabe lässt dich etwas über deine unbewusste Lebensführung erfahren.

Das Adjektiv, das du für den Hund gewählt hast, beschreibt deine eigene Persönlichkeit.

Das Adjektiv der Katze symbolisiert die Persönlichkeit deines Partners.

Die Ratte ist das Symbol für deine Feinde.

Das Adjektiv für den Kaffee steht für dein Liebesleben.

Das Adjektiv, das du für das Meer gewählt hast, beschreibt dein eigenes Leben.

Die dritte Aufgabe offenbart, welche Rolle die Menschen in deinem Leben spielen:

Gelb ist ein unvergesslicher Mensch, der dein Leben geprägt hat.

Orange ist ein echter Freund/eine echte Freundin.

Rot ist deine wahre Liebe.

Weiß ist dein Seelenverwandter/deine Seelenverwandte.

An den grünen Menschen wirst du dich dein ganzes Leben lang erinnern.

Wichtig: Nimm die Ergebnisse des Tests nicht als absolute Wahrheiten an. Nutze sie als Reflexionshilfe: „Warum habe ich diese Reihenfolge gewählt?“ „Könnte etwas Wahres an dem Ergebnis dran sein?" „Wo sehe ich mich selbst anders?" So hilft der Test dir, mehr über dich selbst herauszufinden, auch wenn er nicht die „absolute Wahrheit" über dich offenbaren kann.

Die Persönlichkeitstypen nach C. G. Jung

Carl Gustav Jung ist zweifellos einer der bedeutendsten Persönlichkeitsforscher, die es jemals gegeben hat. Der Freud-Schüler hat auf Grundlage seiner praktischen Tätigkeit als Therapeut eine umfangreiche Persönlichkeits-Typologisierung entwickelt.

Diese klassifiziert Menschen nach bestimmten Merkmalen. Sie zeigt Tendenzen auf und ist sehr differenziert, wodurch sie dir spannende Einblicke in deine eigene Psyche gewähren kann. Die Typologisierung erfolgt anhand von vier verschiedenen Bereichen, die du im Folgenden kennen lernen wirst.

BEREICH ANTRIEB

Extrovertiert	**Introvertiert**
Ist interessiert an dem, was um ihn herum passiert	Ist an eigenen Gedanken und Gefühlen interessiert
Ist offen und gesprächig	Braucht seinen Raum
Vergleicht seine Meinung mit der Meinung anderer	Erscheint häufig reserviert, ruhig und nachdenklich
Ergreift die Initiative und ist handlungsorientiert	Hat meist nicht viele Freunde
Schließt schnell Freundschaften und passt sich Gruppen an	Hat Schwierigkeiten, Kontakte zu knüpfen
Sagt, was er denkt	Mag die Ruhe und Konzentration
Lernt gerne neue Menschen kennen	Mag keine unangemeldeten Besuche und macht auch keine
Bricht ungewollte Beziehungen schnell ab	Kann gut alleine arbeiten

BEREICH AUFMERKSAMKEIT

Sensorisch	**Intuitiv**
Will alles mit seinen Sinnen erfahren: Sehen, Hören, anfassen,...	Lebt in der Vergangenheit oder in der Zukunft
Lebt im Hier und Jetzt	Macht sich mehr Sorgen über die Zukunft als über die Gegenwart
Passt sich schnell an neue Situationen an	Ist an allem Neuen, Ungewöhnlichen interessiert
Mag physische Eindrücke und Vergnügen	Mag keine Routinen
Ist praktisch veranlagt und aktiv	Ist mehr an Theorien als an praktischen Dingen interessiert
Ist realistisch und selbstbewusst	Zweifelt häufig

BEREICH ENTSCHEIDUNGEN TREFFEN

Denken	**Fühlen**
Ist interessiert an Systemen, Strukturen und Mustern	Ist interessiert an Menschen und ihren Gefühlen
Unterzieht alles einer logischen Analyse	Es fällt ihm leicht, über seine Gefühle und Stimmungen zu sprechen
Ist relativ kalt und wenig emotional	Nimmt Liebe und Leidenschaft sehr wichtig
Urteilt mit seinem Verstand, ob etwas richtig oder falsch ist	Urteilt mit seinen Moralvorstellungen, ob etwas gut oder schlecht ist
Es fällt ihm schwer, über Gefühle zu reden	Fasst andere gern an und neigt dazu, Menschen zu manipulieren
Kann Streit und Differenzen gut aushalten	Macht viele Komplimente, um anderen zu gefallen

BEREICH URTEILSFINDUNG

Annehmen	**Urteilen**
Reagiert impulsiv und situationsbezogen	Lässt ungern Fragen unbeantwortet
Beginnt viele neue Dinge, ohne Angefangenes zu beenden	Plant seine Tätigkeiten und beendet sie
Braucht viele Freiheiten und mag keine Pflichten	Ändert ungern seine Pläne und bleibt bei seinen Entscheidungen
Ist neugierig und betrachtet Dinge gerne aus einer anderen Perspektive	Seine Arbeitsleitung ist konstant
Kann produktiv sein, wenn er dazu in der Stimmung ist	Folgt Regeln und Disziplinen
Handelt häufig ohne Vorbereitung	

Die Kombination dieser vier unterschiedlichen Bereiche mit ihren gegensätzlichen Typen ergibt einen von sechzehn unterschiedlichen Persönlichkeitstypen.

Mit diesem Test kannst du kostenlos online herausfinden, welches dein Persönlichkeitstyp ist:

http://www.dicon.eu/checks/typentest.html

Anregungen zur Selbstreflexion

Die beschriebenen Testverfahren können dir wichtige und interessante Anhaltspunkte geben, wie du eigentlich tickst.

Doch um zu wahrer Selbsterkenntnis zu gelangen, kommst du um den Prozess der Selbstreflexion nicht herum. Denn du bist einzigartig. Dein Leben, deine Vergangenheit, deine Persönlichkeit und deine Wünsche lassen sich nicht ausreichend durch eine Standard-Typisierung erfassen, auch wenn diese häufig erstaunlich wichtige Aspekte enthalten.

Um dich also in deiner Persönlichkeit, deiner Beziehungsgestaltung und deiner Lebensführung noch besser kennen zu lernen, helfen dir die folgenden Übungen zur Selbstreflexion. Du brauchst nichts weiter als einen Zettel und einen Stift.

Übung 1: „Wer bin ich?"

Vervollständige zehn Mal den folgenden Satz: „Ich bin.....".

Was das bringt: Du wirst dir klar darüber, welches deine Rollen sind und auch, wie du diese priorisierst.

Übung 2: „Wo bin ich und wo möchte ich hin?"

Werde dir über dein Selbstbild und dein Idealbild klar. Überlege dir zu jedem der folgenden Bereiche, wo du gerade stehst und wo du gerne hin möchtest:

- Arbeit/Produktivität
- Soziale Beziehungen
- Gesundheit/Körper
- Lebenssinn

Die Analyse deiner Antworten hilft dir, dir über deine Ziele und Wünsche klar zu werden und so Pläne für deine Zukunft zu entwickeln.

Übung 3: „Wie verhalte ich mich?"

Diese Selbstreflexions-Übung hilft dir, dein Verhalten in bestimmten Situationen zu analysieren. Wie im Slow-Motion-Modus betrachtest du vergangene Ereignisse genau und aus verschiedenen Perspektiven.

Häufig fühlen wir uns Situationen hilflos ausgeliefert und fragen uns später, wie es zu einem bestimmten Ergebnis überhaupt kommen konnte. Die Situationsanalyse erlaubt dir, deinen eigenen Anteil an den Geschehnissen zu reflektieren und so für die Zukunft zu lernen, wie eine Verhaltensänderung deinerseits auch zu einem besseren Ergebnis führen kann.

Die Übung funktioniert folgendermaßen:

Überlege dir eine bestimmte Situation, in der du dich befunden hast. Dies kann eine Situation sein, in die du immer wieder zu geraten scheinst, eine Situation, in der du dich sehr hilflos gefühlt hast oder eine, mit deren Ergebnis du sehr unzufrieden warst.

Male dir die Situation genau in all ihren Details aus und fühle dich in sie hinein. Dann stellst du dir die folgenden Fragen:

1. Was war mir wichtig? Was war meine Absicht? Warum habe ich so gehandelt, wie ich gehandelt habe?

2. Was habe ich in der Situation gedacht?

3. Was habe ich in der Situation gefühlt? Wie haben sich meine Gefühle innerhalb des Geschehnisses verändert?

4. Was habe ich genau getan?

Betrachte nun die Situation aus der Perspektive deines Gegenübers bzw. aus der Sicht der anderen beteiligten Personen und stelle dir diese Fragen zu jeder einzelnen beteiligten Person.

Analysiere die Situation: Haben die beteiligten Personen sich so verhalten, wie sie sich gefühlt haben? Welchen (inneren und äußeren) Zwängen unterlagen sie? Was hätte ich an meinem Verhalten verändern können, damit es zu einem anderen Ergebnis gekommen wäre? Was kann ich in Zukunft anders machen, wenn ich in eine ähnliche Situation gerate?

Übung 4: Selbstbild vs. Fremdbild

Um zu einem noch differenzierteren Selbstbild zu gelangen, ist es auch wichtig, das Urteil anderer zu erfragen. Denn häufig sehen uns andere ganz anders als wir selbst uns sehen. Vermeintliche Stärken werden von anderen gar nicht gesehen, während unsere Mitmenschen andere Charakterzüge für unsere liebenswertesten Eigenschaften halten.

Also bitte deine sozialen Kontakte um ihre ehrliche Meinung deine Persönlichkeit betreffend. Am aufschlussreichsten werden die Befragungen dann, wenn du nicht nur Freunde mit einbeziehst, sondern auch andere Menschen wie Familienmitglieder, Kollegen, Vorgesetzte oder andere Bekannte.

Fasse die Meinungen der anderen aber nicht als absolute Wahrheiten auf: Sie spiegeln einen Teil deiner

Außenwirkung wider, sind aber auch nur ein Ausschnitt deiner Persönlichkeit. Dennoch helfen die Urteile anderer dir, dein Selbstbild zu überprüfen, dich einmal „von außen“ zu betrachten und hilfreiche Erkenntnisse zu gewinnen.

Übrigens: Auch eine Videoanalyse kann (auch wenn es dir vielleicht unangenehm ist) hilfreich sein, um die Wahrnehmung für das eigene Ich zu schärfen. „Was drückt meine Haltung aus?“, „Wie wirkt mein Gesichtsausdruck?“, „Was verrät mein Gang über meine Gefühlslage?“ sind nur einige der Fragen, die bei einer solchen Analyse gestellt werden können und so das Bild unseres Selbst noch differenzierter machen können.

Übungen für die Selbsterkenntnis

Nachdem du deinen Charaktertyp durch die verschiedenen Testverfahren kennen lernen konntest und mit Hilfe der Selbstreflexion interessante Einblicke in deine Inneres gewonnen hast, bekommst du im Folgenden weitere wichtige Informationen, die dein Selbstbild prägen.

Häufig ticken wir so, wie wir ticken – und verstehen selbst nicht, warum. Wir nehmen uns Dinge vor, und obwohl wir sie uns so sehr gewünscht haben, gelingt es uns doch nicht, sie zu erreichen.

Das passiert vielen Menschen. Deswegen haben sich Gehirnforscher und Psychologen auf die Suche nach

Antworten begeben und haben erstaunliche Dinge über unsere Wahrnehmung und die Funktionsweise unseres Gehirns erfahren. Doch statt diese trocken und theoretisch zu erklären, wirst du diese Phänomene mit Hilfe der folgenden Übungen „am eigenen Leib erfahren". So erlebst du, warum du so bist, wie du bist – und wie du dein Gehirn programmieren kannst, um das zu erreichen, was du möchtest.

Übung 1: Das zitronen-experiment

Wie funktioniert die Übung?

Stelle dir eine frische, saftige Zitrone vor. Betrachte sie eingehend, betaste sie mit den Händen, schließe die Augen und rieche an der Schale. Nun stelle dir vor, wie du mit einem Messer die Zitrone in der Mitte durchschneidest, wie der frische Saft herausfließt und das Aroma den Raum erfüllt. Rieche nun noch einmal genüsslich an der Zitrone, wie stark der Geruch jetzt ist. Nun stelle dir vor, dass du genüsslich und herzhaft in die Zitrone beißt.

Schließe die Augen und mache diese Vorstellungsübung...

Was hast du erlebt?

Wenn du die Übung richtig durchgeführt hast, wirst du sehr wahrscheinlich gemerkt haben, wie dein Mund vermehrt Speichel produziert hat und du dein Gesicht verzogen hast.

Was kannst du daraus lernen?

Deine Gedanken und Fantasien sind dazu in der Lage, dein Empfinden und sogar deine körperlichen Reaktionen zu steuern. Ihr Einfluss ist nicht zu unterschätzen! Daher solltest du auf deine Gedanken und deine Fantasien Acht geben. Denn dein Gehirn unterscheidet nicht zwischen Realität und Fantasie. Es nimmt negative Gedanken wie etwa: „Du bist hässlich." genauso als wahr wie positive. Unabhängig davon, ob sie der Wahrheit entsprechen.

Also ist es an dir, dein Gehirn und dein Unterbewusstsein mit positiven Botschaften aufzufüllen. So fühlst du dich besser und auch dein Selbstbild verändert sich zum Positiven hin.

Übung 2: Die macht der fantasie

Wie funktionicrt dic Übung?

Stelle dich aufrecht hin und versuche, dich herunterzubeugen, um mit deinen Fingern deine Fußspitzen zu berühren. Merke dir, wie weit du kommst. Nun schließe die Augen und male dir vor deinem inneren Auge aus. wie du die Übung wiederholst. Nun erreichst du aber mit Leichtigkeit und ohne Schmerzen und Anstrengung mit den Fingern deine Fußspitzen. Wenn du es vor deinem inneren Auge richtig gut sehen kannst, dann wiederhole die Übung und versuche erneut, mit den Fingern deine Fußspitzen zu berühren.

Was hast du erlebt?

Wenn du die Vorstellungsübung richtig gemacht hast, dann wirst du sehr wahrscheinlich feststellen, dass du beim zweiten Mal weiter nach unten gekommen bist.

Was kannst du daraus lernen?

Deine Vorstellungskraft ist dein mächtiger Verbündeter, um deine Ziele zu erreichen. Wenn du also zu einem positiveren Selbstbild gelangen möchtest, dann ist es wichtig, deine Vorstellungskraft zu trainieren. Denn wenn du dir deine Wünsche oft und detailliert in Gedanken ausmalst, dann wird es schlicht wahrscheinlicher, dass sie auch tatsächlich eintreten. Denn deine Gedanken beeinflussen dein Unterbewusstsein und so auch unbewusst dein Verhalten.

Übung 3: Selektivität des gehirns

Wie funktioniert die Übung?

Lasse deinen Blick durch den Raum schweifen und merke dir dabei alle Dinge, die braun sind. Führe nun diese Übung durch.......

... und nun schließe deine Augen und überlege dir, welche gelben Gegenstände sich in dem Raum befinden.

Was hast du erlebt?

Sehr wahrscheinlich wird es dir sehr schwer fallen, dich an die gelben Gegenstände zu erinnern. Braune Gegenstände fallen dir dagegen viele ein.

Was kannst du daraus lernen?

Dein Gehirn arbeitet hochgradig selektiv. Das heißt, es beschränkt sich auf die Dinge, auf die du deine Aufmerksamkeit lenkst. Für alles andere ist es quasi blind. Das zu verstehen, hilft dir, auch dich selbst besser zu verstehen. Ein Beispiel: Wenn du der Meinung bist, dass andere dich immer nur ausnutzen, dann wird dein Gehirn sich an die Situationen erinnern, in denen andere dich tatsächlich ausgenutzt haben – aber die Gelegenheiten ausblenden, in denen Andere dir geholfen und dich unterstützt haben.

Das heißt, dass dein Selbstbild ein Produkt deiner Einstellungen und Urteile über dich selbst ist und keine absolute Wahrheit sein muss. Wenn du deine Aufmerksamkeit bewusst auf positive Ereignisse und Charaktereigenschaften lenkst, wirst du viele positive Dinge über dich selbst erfahren.

Übung 4: Die giraffe

Wie funktioniert die Übung?

Ganz einfach: Schließe die Augen und versuche mit aller Kraft, NICHT an eine Giraffe zu denken.

Was hast du erlebt?

Sehr wahrscheinlich ist vor deinem inneren Auge zuallererst das Bild von einer Giraffe aufgetaucht. Auch wenn du so sehr versucht hast, nicht daran zu denken.

Was kannst du daraus lernen?

Du lernst aus dieser Übung, dass dein Gehirn das Wort „nicht“, also negative Formulierungen, nicht wie gewünscht verarbeitet. Wenn du dir sagst: „Ich will nicht mehr rauchen!“, passiert vor deinem inneren Auge folgendes: Du siehst dich rauchend und programmierst so dein Unterbewusstsein genau auf das, was du eigentlich nicht wolltest. Daher ist es wichtig, deine Wünsche und Vorhaben stets positiv zu formulieren. Du könntest also stattdessen sagen: „Ab heute bin ich Nichtraucher!“. Das fokussiert dein Gehirn auf das positive Ziel, das du erreichen möchtest. So wirst du dein Plan viel eher Wirklichkeit.

Übung 5: Die macht des inneren kritikers

Wie funktioniert die Übung?

Überlege dir einen Satz, mit dem du dich häufig selbst kritisierst oder niedermachst, beispielsweise: „Boah, bist du fett!“ Nun überlege dir, in welchem Tonfall deine innere Stimme diesen Satz zu dir sagt. Ist es ein gemeiner, ärgerlicher, abwertender oder ungeduldiger Ton?

Versuche nun, den gleichen Satz zu sagen, aber in einem anderen Tonfall. Zum Beispiel ganz laaangsaaaam oder superschnell, mit einer Mickey-Mouse-Quakstimme, in einem verführerischen Tonfall, so wie ein Nachrichtensprecher oder gesungen.

Was hast du erlebt?

Sehr wahrscheinlich hat sich mit der veränderten Stimmlage auch die Macht des Urteils des inneren Kritikers verändert. Plötzlich hat er richtig lächerlich geklungen, du musstest lächeln oder lachen und das Urteil klang plötzlich gar nicht mehr vernichtend.

Was kannst du daraus lernen?

Diese Übung hilft dir bei zwei Dingen: Erstens macht sie dir deinen inneren Kritiker erst einmal richtig bewusst und du spürst, wie herzlos und vernichtend die Urteile über das eigene Ich häufig sind. Denn die innere Stimme kommentiert all unsere Gedanken und Handlungen – und allzu häufig fallen ihre Urteile sehr abschätzig aus.

Aber du lernst auch: Die Macht der inneren Stimme kann gebrochen werden. Wenn du also deinen inneren Kritiker sorgsam überwachst und lernst, seine Stimme weicher und liebevoller erklingen zu lassen sowie seine Urteile zu hinterfragen, so kann dir das auch bei der Gewinnung eines positiveren Selbstbildes helfen.

Übung 6: Das pendel

Wie funktioniert die Übung?

Für diese Übung brauchst du ein Pendel. Du kannst dir leicht selbst eines basteln, indem du zum Beispiel eine Schnur an einen Schlüssel oder einen Ring bindest. Nun lässt du dein Pendel bewegungslos hängen. Dann stellst du dir mit aller Kraft vor, dass das Pendel von links nach rechts zu schwingen beginnt.

Was hast du erlebt?

Sehr wahrscheinlich wirst du erlebt haben, dass das Pendel tatsächlich begonnen hat, ganz leicht von links nach rechts zu schwingen, nachdem du es dir ausgemalt hast. Magie? Keineswegs! Allein die Vorstellung führte zu unbewussten, minimalen Muskelimpulsen, die das Schwingen auslösen. Dieses Phänomen nennt sich Carpenter-Effekt oder ideomotorischer Effekt.

Was kannst du daraus lernen?

Deine Gedanken steuern deinen Körper - auch wenn es dir nicht bewusst ist. Wenn du dich also gedanklich in eine selbstbewusste Person verwandelst, dann wird auch deine Körperhaltung das ausdrücken. Oder wenn du gelangweilt bist, dann sieht man dir das auch durch eine schlaffe, gelangweilte Körperhaltung an. Dieser Effekt ist sogar so stark, dass Leistungssportler mit Hilfe von mentalem Training trainieren, indem sie sich die perfekten Bewegungsabläufe genau ausmalen und so ihre Muskeln unbewusst trainieren. Übrigens: Das funktioniert auch umgekehrt, wie dir das nächste Experiment zeigen wird.

Übung 7: Wie unsere körperhaltung unsere stimmung beeinflusst

Wie funktioniert die Übung?

Führe die folgenden Anweisungen aus und beobachte, wie du dich dabei fühlst.

Ahme die dynamischen Bewegungen eines Dirigenten nach, wie er seinen Taktstock in der Oper schwingt,

Nimm die Haltung eines zu Tode gelangweilten Menschen ein,

Mache die Bewegung eines Eisschnellläufers auf der Zielgeraden nach.

Was hast du erlebt?

Während du die Bewegungen ausgeübt hast, hast du dich sicherlich auch ein Stück weit wie die entsprechenden Personen gefühlt: Als Dirigent energetisch, leidenschaftlich und hochkonzentriert, als Gelangweilter öde, als Eisschnellläufer kraftvoll, dynamisch, das Ziel im Auge.

Was lernst du daraus?

Deine Körperhaltung beeinflusst deine Gefühle. Durch eine veränderte Körperhaltung kannst du also ganz einfach Einfluss auf deine Gefühlslage nehmen. Wenn du dich unsicher fühlst, versuche ganz bewusst, deine Körperhaltung zu verändern. Nimm etwa die Haltung eines stolzen Ritters an. Du wirst sehen, dass du dich sofort mutiger und selbstsicherer fühlen wirst. Du lernst über dein eigenes Ich, dass du Situationen nicht hilflos ausgeliefert bist, sondern immer Handlungsspielräume hast.

Kapitel 5

Schlusswort

In einer wissenschaftlichen Studie konnte herausgefunden werden, dass die Lebenszufriedenheit von zwei bestimmten Menschen sich nicht voneinander unterscheidet. Welchen Menschen? Einem, der im Lotto gewonnen hat und so zum Millionär geworden ist. Und einem, der durch einen Unfall eine Querschnittslähmung erlitten hat. Nach nur einem Jahr unterschied sich das Glückslevel der beiden Menschen nicht mehr voneinander. Erstaunlich, oder?

Was kannst du daraus lernen?

Eine positive Lebenseinstellung hängt nicht von äußeren Umständen ab. Die eigene Interpretation und Haltung zu unseren Lebensbedingungen lässt uns glücklich oder unglücklich sein.

Schmerz geht vorüber. Auch wenn er sich im Moment unerträglich anfühlt, wirst du dich schon sehr bald besser fühlen und du kannst wieder glücklich sein – ein tröstlicher Gedanke.

Nicht alle Wünsche müssen in Erfüllung gehen. Zufriedenheit entsteht nicht durch Äußerlichkeiten, sondern in unserem Inneren

Setze dich mit deinem Innenleben auseinander. Ignoriere dein Inneres, deine Gefühls- und Gedankenwelt nicht, sondern suche den Kontakt mit deinem eigenen Ich. Selbsterkenntnis und die positive Einflussnahme auf dein Selbstbild sind die Grundlage von Lebenszufriedenheit und erfüllenden Beziehungen – unabhängig von äußeren Umständen.

Kapitel 6

Leseprobe: Selbstmotivation

Was ist Selbstmotivation? Wie funktioniert sie und wer sind die Feinde deiner Selbstmotivation?

Doch was ist eigentlich Selbstmotivation? Was genau bedeutet es, wenn du Aufgaben selbstmotiviert angehst? Eng mit diesem Begriff verknüpft ist der wissenschaftliche Ausdruck der Intrinsischen Motivation. Damit bezeichnen wir den Willen eines Menschen, bestimmte Dinge zu tun, ohne dass der Wunsch nach einer Belohnung dahinter steht oder, bei Nichterfüllen der Aufgabe, negative Konsequenzen drohen. Wir tun diese Dinge schlichtweg, weil sie unser Interesse wecken, uns Spaß machen oder uns auf angenehme Weise herausfordern. Bestimmt fallen auch dir sofort viele Tätigkeiten ein, die du aus deiner intrinsischen Motivation heraus ausübst.

Aber Selbstmotivation ist noch viel mehr. Denn zwangsläufig werden auf deinem Weg zum Erfolg auch Dinge auf dich zukommen, auf die du zunächst keine Lust hast, die dich langweilen oder dir einfach nicht liegen. Und genau da setzt die Selbstmotivation an: Wie kannst du dein Inneres umprogrammieren, um auch diese Tätigkeiten motiviert anzugehen? Das wirst du in den nächsten Kapiteln lernen.

Ein weiterer Stolperstein auf dem Weg zum Erfolg ist unsere heiß geliebte Komfortzone. Denn während Routinen, Gewohnheiten und feste Strukturen uns einerseits Halt und Sicherheit geben, so schwer tun wir uns als „Gewohnheitstiere" manchmal damit, diese zu überdenken und anzupassen. Doch auch darin kann der Schlüssel zum Erfolg liegen. Denn wenn du deine Komfortzone verlässt, wirst du merken, wie viele unerwartete Energien, Fähigkeiten und Ressourcen in dir schlummern. Plötzlich entstehen ganz neue Ideen, neue Wege tun sich auf und deine Selbstmotivation erhält neue Impulse. Lerne in den folgenden Kapiteln effektive Strategien, um deine Komfortzone kennen zu lernen, Stück für Stück zu erweitern und so festzustellen, was für ein toller, starker Mensch du eigentlich bist.

Ein besonders tückischer, falscher Freund, der dir auf deinem Weg zum Erfolg garantiert begegnen wird, ist der so genannte innere Schweinehund. Dieser tarnt sich oft als fürsorglicher Berater, der stets um dein Wohlergehen besorgt ist. Doch anders als bei einem vernünftigen Ressourcenmanagement spielt der innere Schweinehund einzig und allein deiner Bequemlichkeit in die Hände. Stets lautet sein trügerischer Ratschlag: „Schone dich!", „Das kannst du doch auch noch morgen machen!" oder „So wie es jetzt ist, ist es doch auch okay." So drängt er dich mit Macht zurück in die Komfortzone, die du eigentlich gerade verlassen wolltest, und ist damit der direkte Gegenspieler deiner Selbstmotivation. Lerne in den folgenden Kapiteln, deinen Inneren Coach, die Selbstmotivation, als mächtigen Verbündeten im Kampf gegen den inneren Schweinehund zu nutzen und seine Stimme so zum Schweigen zu bringen.

Weiter lesen auf Amazon:

Autorenseite: *http://amzn.to/2tqyleo*

SELBSTLIEBE

WIE DU DICH SELBST LIEBEN LERNST

Intro

Dieser Kompaktratgeber behandelt die Grundlagen der Selbstliebe und räumt mit Halbwahrheiten auf. Die Agenda dieses E-Books weist folgende Punkte auf:

- Definition
- Selbstliebe vs. Narzissmus
- Vorteile einer gesunden Selbstliebe
- Selbstreflektion
- Selbststudie / Motivation
- Übungen

Seit Anbeginn der Nuller Jahre (00er / > 1999) gab es in Punkto Generationen-Trends keine großen Veränderungen mehr.

Andere gesellschaftliche Prozesse, wie die immer weiter auseinanderklaffende Schere zwischen Arm und Reich werden mit den Jahren immer beängstigender, aber die Interessen und Trends der Jugendlichen und jungen Erwachsenen sind nahezu unverändert geblieben. In den neunziger Jahren war der Rave-Lifestyle an der Tagesordnung und die Love Parade eine jährlich zu erwartende Mega-Veranstaltung. Heute sehen wir immer häufiger Menschen auf der Straße, die top gestylt und modisch gekleidet auftreten und zusätzlich in sozialen Netzwerken aktiv sind. Ein ernstzunehmender Trend sind die immer wachsenden Communities wie die Yoga Gemeinschaften, Vegetarier und Veganer, aktive Tier- und Umweltschutz Organisationen, Minimalisten und Naturfreunde. Diese Entwicklung hält nahezu zwanzig Jahre an und erreichte im Jahr 2016 viele neue Glücksmomente. Sehr erfreulich war unter anderem die Abschaffung der Einmal-Plastiktüten in deutschen Supermärkten.

In diesem Zusammenhang spricht man auch von einer Persönlichkeitsgesellschaft – jeder meint sich beweisen zu müssen und strebt nach Anerkennung durch andere. Das hängt auch mit der Lebenssituation vieler Menschen zusammen. Damals lebten die Menschen in der Nähe ihrer Familien – heutzutage ist es normal, wenn man für seinen Job in die Ferne zieht oder täglich mehrere Stunden pendelt. Diese befremdlichen Umgebungen und neuen Menschen verursachen Stress – um glücklich zu sein versuchen viele unter uns besondere Leistungen zu vollbringen oder stets angepasst zu wirken. Dieses Verbiegen und selbstsüchtige Bestätigung suchen ist für das gesunde Maß an Selbstliebe kontraproduktiv.

Ein gesundes Maß an Selbstliebe kann an dem Zeitfenster gemessen werden, das wir für unsere persönlichen Bedürfnisse und Interessen öffnen. Eine Person, die selbstbewusst Nein sagen kann und auch auf die Wünsche seiner Mitmenschen achtet, lebt insgesamt gelassener und deutlich zufriedener. Das notwenige Maß an Selbstachtung und die Annahme seiner Selbst (Ich-Annahme, Selbstakzeptanz) sind zwei wichtige Faktoren, die den Blick für das Ringsherum öffnen. Der Vergleich mit der Gesellschaft tut gut, wenn man auch auf die Schwächen der anderen achtet und sich deutlich vor Augen hält, dass nichts selbstverständlich ist und jeder von uns für sein Glück mitverantwortlich ist.

Einleitung

Endlich hat die Suche ein Ende!

Mit diesem Ratgeber hältst Du ein Stück mehr Lebensfreude in den Händen. Durch etwas mehr Achtsamkeit wirst Du nämlich schnell feststellen, dass es im Leben weitaus Wichtigeres gibt, als ständig nach Anerkennung zu streben.

Die Selbstliebe kann an Selbstsucht grenzen - da dieses Werk ein besonderes Augenmerk auf die Abgrenzung legt, ermöglicht dir dieser Ratgeber einen guten Einstieg in diese Thematik. Anhand praxisbezogener Tipps lernst du dich in Punkto Selbstliebe etwas besser kennen und kannst gezielt auf mehr Wertschätzung hinarbeiten.

Heutzutage leidet ein Großteil unserer Gesellschaft an Belastungsstörungen, die dazu führen, dass es in diversen Branchen einen Mangel an Fachkräfte gibt. In Führungs- und Managerebenen reicht die depressive Episode dem Burnout die Hand. Wachsende Anforderungen im Beruf und Leistungsdruck belasten nicht nur Beziehungen, sondern auch das eigene Nervensystem. Die wichtigen Indikatoren (Hinweise) für zu viel Stress sind Antriebslosigkeit, Frustration, Depressionen, Appetitlosigkeit, Abgespanntheit, schlechte Laune und mangelnder Schlaf. Die Liste von Folgen ist lang – daher ist es höchste Zeit, sich in Selbstliebe zu üben.

Auf geht's – Starte jetzt mit deiner Selbststudie!

Kapitel 1

Definition

Mit welchen Worten würdest du den Begriff der Selbstliebe beschreiben? Oftmals beschreiben Befragte die Selbstliebe als Selbstverliebtheit, Narzissmus, Ichsucht oder Egozentrik.

Im Prinzip ist die Selbstliebe nichts anderes als eine unbegrenzte Liebe zu sich selbst. Die Selbstsucht – das Gegenteil von Selbstliebe – setzt eine mangelnde Selbstliebe voraus. Betroffene leiden unter fehlender Selbstannahme (Akzeptanz und Wertschätzung) und versuchen ständig die Anerkennung von anderen zu bekommen. In Extremfällen wirkt ein solches Verhalten ziemlich extrovertiert und selbstverliebt. Die eine oder andere Begegnung mit solchen Menschen wirst Du sicherlich schon erlebt haben.

Der Prozess der absoluten Selbstannahme ist fürchterlich lang, aber überwindbar. Nur der, der ständig an sich und seiner persönlichen Weiterentwicklung arbeitet, kann den Zustand der gesunden Liebe zu sich selbst herbeiführen und dauerhaft halten. Sich selbst zu lieben bedeutet von falschen Überzeugungen und konstruktivloser Kritik Abstand zu nehmen und sich darauf verlassen zu können, dass man für sich selbst die richtigen Entscheidungen trifft. Der Wechsel eines Arbeitsplatzes oder das Beenden einer Beziehung können zwei Beispiele sein, die oft zu emotionalen Blockaden führen. In beiden Fällen werden die Grundbedürfnisse Sicherheit und teilweise Partnerschaft (Liebe) nicht befriedigt. Solche Reize führen unter anderem zu Unsicherheit, Unwohlsein und Unruh und letztlich auch zu einem verkehrten Verhalten (unerwartete Reaktionen).

Die ausbalancierte Selbstliebe setzt sich aus mehreren Umständen zusammen. Ein Dach (Mietswohnung oder Eigenheim) über den Kopf zu haben und das Geld für den Lebensunterhalt aufbringen zu können sind zwei weitere Umstände, die ständig befriedigt sein müssen damit du dich selbst lieben kannst.

Der amerikanische Schauspieler Charly Chaplin hat es in einem Gedicht auf den Punkt gebracht.

„Als ich mich selbst zu lieben begann, habe ich verstanden, dass ich immer und bei jeder Gelegenheit, zur richtigen Zeit am richtigen Ort

bin und dass alles, was geschieht, richtig ist – von da an konnte ich ruhig sein.

Heute *weiß ich: Das nennt man* SELBSTBEWUSSTSEIN.

Als ich mich selbst zu lieben begann, konnte ich erkennen, dass emotionaler Schmerz und Leid nur Warnungen für mich sind, gegen meine eigene Wahrheit zu leben.

Heute *weiß ich: Das nennt man* AUTHENTISCH SEIN.

Als ich mich selbst zu lieben begann, habe ich verstanden, wie sehr es jemand beleidigen kann, wenn ich versuche, diesem Menschen meine Wünsche aufzudrücken, obwohl ich wusste, dass die Zeit nicht reif war und der Mensch nicht bereit, und auch wenn ich selbst dieser Mensch war.

Heute *weiß ich: Das nennt man* RESPEKT.

Als ich mich selbst zu lieben begann, habe ich aufgehört, mich nach einem anderen Leben zu sehnen und konnte sehen, dass alles um mich herum eine Einladung zum Wachsen war.

Heute *weiß ich: Das nennt man* REIFE.

Als ich mich selbst zu lieben begann, habe ich aufgehört, mich meiner freien Zeit zu berauben, und ich habe aufgehört, weiter grandiose Projekte für die Zukunft zu entwerfen. Heute mache ich nur das, was mir Freude und Glück bringt, was ich liebe und was mein Herz zum Lachen bringt, auf meine eigene Art und Weise und in meinem eigenen Rhythmus.

Heute weiß ich: Das nennt man EINFACHHEIT.

Als ich mich selbst zu lieben begann, habe ich mich von allem befreit, was nicht gesund für mich war, von Speisen, Menschen, Dingen, Situationen und von Allem, das mich immer wieder hinunterzog, weg von mir selbst. Anfangs nannte ich das „Gesunden Egoismus", aber heute weiß ich: Das ist SELBSTLIEBE.

Als ich mich selbst zu lieben begann, habe ich aufgehört, immer Recht haben zu wollen, so habe ich mich weniger geirrt.

Heute habe ich erkannt: Das nennt man BESCHEIDENHEIT.

Als ich mich selbst zu lieben begann, habe ich mich geweigert, weiter in der Vergangenheit zu leben und mich um meine Zukunft zu sorgen. Jetzt lebe ich nur noch in diesem Augenblick, wo alles stattfindet, so lebe ich heute jeden Tag, Tag für Tag, und nenne es BEWUSSTHEIT.

Als ich mich zu lieben begann, da erkannte ich, dass mich mein Denken behindern und krankmachen kann. Als ich mich jedoch mit meinem Herzen verband, bekam der Verstand einen wertvollen Verbündeten.

Diese Verbindung nenne ich heute HERZENSWEISHEIT.

Wir brauchen uns nicht weiter vor Auseinandersetzungen, Konflikten und Problemen mit uns selbst und anderen fürchten, denn sogar Sterne knallen manchmal aufeinander und es entstehen neue Welten.

Heute weiß ich: DAS IST DAS LEBEN."

(*Charly Chaplin am* 16.04.1959)

Lerne aus deinem Prozess und betrachte das Leben mit aufgeschlossenen Augen. Versuche es wie Charly Chaplin zu sehen.

Kapitel 2

Selbstliebe vs. Narzissmus

In der Begriffsdefinition auf Wikipedia wird die Selbstliebe als eine Grundvoraussetzung für die Liebe zu anderen Menschen beschrieben.

Der deutsch-amerikanische Psychoanalytiker, Sozialpsychologe und Philosoph **Erich Fromm** (* 23.03.1900 in Frankfurt am Main) sagte einst, das selbstsüchtige Menschen nicht fähig seien sich selbst zu lieben. Erschwerend kommt hinzu, dass Selbstsüchtige andere nicht lieben können. Die logische Schlussfolgerung lautet, dass ein sich selbst liebender Mensch also auch andere lieben kann.

Narzisstische Typen neigen dazu aufzufallen und gefallen zu wollen. Bei Frauen ist es die aufreizende Kleidung, die für narzisstische Züge spricht. Bei kontaktfreudigen Männern fällt ihre Präsenz auf. Der selbstliebende Typ kann sich zurücknehmen und betrachtet die Situationen im Ganzen. Das Nichterfüllen eines Wunsches stellt für den selbstbewussten Menschen kein Problem dar. Der Narzisst würde darunter leiden und sich weiterhin isoliert fühlen.

KAPITEL 3

Vorteile einer gesunden Selbstliebe

Was meinst Du, welche Vorteile eine gesunde Selbstliebe mit sich bringt? Welche Veränderungen erhoffst Du dir für dein Leben?

Folgende Aussagen treffen auf eine (fortgeschrittene) Selbstliebe zu!

- Selbstakzeptanz (mit allen Schwächen und Stärken)
- Gesteigertes Selbstwertgefühl
- Zufriedener leben
- Nächstenliebe leben

- Nicht mit jedem Trend gehen (kein Zwang, nicht Anerkennung suchend)
- Verständnis für Macken und Unzulänglichkeiten aufbringen
- Nicht immer Recht haben müssen
- Das Leben liebevoll betrachten
- Fünfe grade sein lassen
- Toleranz besitzen
- Eloquent reagieren können (Kommunikationsfähigkeit)
- Bitten anstelle von Forderungen (Ergo gewaltfreie Kommunikation; muss nicht zwangsläufig auf jeden zutreffen)

Hinter jeder einzelnen Aussage verbergen sich mehrfache Zusammenhänge, die an dieser Stelle nicht im Einzelnen aufgeführt werden können.

Eine Tatsache ist nicht übersehbar. Die ausgewogene Selbstliebe ist ein guter Nährboden für weiteren Erfolg – privat und beruflich gesehen gleichermaßen. Die Gelassenheit, Fünfe gerade sein zu lassen, kann charismatisch wirken. Ein entspanntes Auftreten ist eine von vielen positiven Begleiterscheinungen.

Kapitel 4

Selbstreflektion

Es ist wichtig, dass Du dir immer eine Deadline (einen festen Termin) für die Erreichung deiner Ziele setzt. Am einfachsten ist es, wenn Du dir heute den nächsten Termin für deine Selbstreflektion festlegst und die nächsten Tage auf (d)ein erstes Etappenziel hinarbeitest.

Deine ersten Ziele sind von dem Ausprägungsgrad deiner Selbstliebe abhängig. Zu den allgemein bekannten ersten Aufgaben gehören das Bewusstmachen über die eigenen Schwächen und Stärken, und die Steigerung der eigenen Wertschätzung indem aktiv daraufhin gearbeitet wird. Die Dauer dieser Studie ist von deiner Mitwirkung abhängig und kann im Vorfeld nicht angegeben werden.

Sich selbst zu reflektieren bedeutet ehrlich zu sein und wahre Worte zu finden, wenn es um die eigene Beurteilung geht. Falsch wäre es, seine Macken schlecht- oder gutzureden. Deine bisherigen Bemühen werden ebenfalls in die Waagschale geworfen. Jedes Nichtstun und Herumjammern fallen nicht direkt ins Gewicht, aber beeinflussen das Endergebnis deines Erfolgs.

Du brauchst nicht jede Yoga-Stunde mitzumachen oder dich freiwillig für den Wochenenddienst zu melden, um dir selbst und den anderen zu beweisen, dass du es draufhast! Viel wichtiger ist es zu wissen, ob Du während dieser Zeit glücklich und zufrieden warst – und, wieso?

Menschen, die glücklicher leben, schonen gelegentlich ihre körperlichen und geistigen Ressourcen, um unter anderem die Seele baumeln zu lassen. Diese so genannte Prime-Time sollte für dich zu einem festen Ritual werden. Die wiederholende Selbstreflektion wird zur Routine.

Kapitel 5

Selbststudie

Der Begriff „Selbststudie“ scheint heutzutage in allermunde zu sein. Zum eigenständigen (Selbst-)Studium gehört weitaus mehr dazu, als „nur“ ein Buch zu lesen und darauf zu hoffen, dass der Kontext hängen geblieben ist und die Veränderung von alleine eintritt.

Nachdem Du das ganze Buch gelesen und verstanden hast, solltest Du in die anhaltende Lernphase übergehen und regen Gebrauch von den folgenden Übungsreihen (im nächsten Kapitel) machen. Was passiert, wenn Du nicht aktiv für mehr Selbstliebe eintrittst, erfährst Du in meinem nächsten Werk über die möglichen Folgen eines unachtsamen Lebens.

Die richtige Organisation ist das A und O auf deinem Weg zu einem emotional ausgeglichenen Leben. Richte dir feste Zeiten ein, um deine bisherigen Fortschritte festzuhalten und mögliche Schwachstellen zu lokalisieren. Deine Selbstreflektion ist ein wichtiger Bestandteil deiner Studie und ist zwangsläufig für deinen Erfolg mitverantwortlich.

Beantworte dir deine eigenen Fragen (zum Controlling / zur Kontrolle), die dir den bestmöglichsten Überblick über deine Zielerreichung verschafft.

Folgende Fragen könnten dir auf die Sprünge helfen:

- Wann war ich zuletzt erfolgreich?
- Was habe ich für meinen Erfolg getan?
- Wie lautet das nächste Ziel?
- Welche Anstrengungen habe ich dafür aufgebracht?
- Welche Aufgaben stehen noch auf der To-Do-Liste?
- In welchen Momenten habe ich mich gut gefühlt - und, wieso?
- In welchen Momenten habe ich mich schlecht gefühlt - und, wieso?
- Welche neuen Gedanken prägen mein Handeln?

- Welche neuen Emotionen prägen mein Denken?

- Wann findet meine nächste Auswertung / Selbstreflektion statt?

Diese und weitere Fragen können dir dabei helfen, dich im Wirrwarr der neuen Eindrücke zu orientieren. Konzentriere dich auf deine Gedanken und inwiefern diese zu (d)einem neuen Verhalten beitragen. Es ist notwendig, dass du dein Verhalten, also deine Gefühlswelt und dein Denken hinterfragst, um in absehbarer Zeit Veränderungen feststellen zu können. Dokumentiere deine Fortschritte und feiere deine Erfolge. Diese direkte Auseinandersetzung erlaubt es dir, dich leichter anzunehmen.

Kapitel 6

Übungen

Leute, die regelmäßig Zeit für sich nehmen, können in ihrer „freien" Zeit den Fokus auf die eigene Selbstreflektion legen. Die Motivation und Ernsthaftigkeit hinter dieser **Selbststudie für mehr Selbstliebe** setzt automatisch voraus, dass der Leser über Freizeit verfügt.

Du brauchst für die Übungsreihen aus diesem Ratgeber in jedem Fall freie Zeit, die nur für dich gedacht ist. Es reicht, wenn du dir alle zwei Tage für ein bis zwei Stunden Zeit nimmst, die nur zur Befriedigung deiner Bedürfnisse dient.

Hättest Du einen Friseurbesuch nötig, möchtest Du dir neue Schuhe kaufen oder endlich das Projekt Selbstliebe bestreiten? Für alle diese Dinge brauchst Du Zeit. Freie Zeit. Prime-Time. Organisiere dein Leben und überspiele negative Verhaltensmuster. Hinterfrage dein Denken und motiviere dich mit positiven Affirmationen. Diese und weitere Übungen stehen für dich in diesem Kapitel bereit.

Übung 1 – Motivation (Selbstmotivation)

Die Fähigkeit, sich selbst ohne große Bemühungen aufraffen zu können, um ohne Zwang und Widerwillen bestimmte Tätigkeiten auszuführen, beschreibt man als Selbstmotivation.

Paradebeispiele für eine gute Selbstmotivation sind das regelmäßige und zeitige Aufstehen, um pünktlich an der Arbeit zu erscheinen oder das tägliche Haushaltschmeißen. Damit du dich auch in anderen Bereichen motivieren kannst, hilft es, wenn Du dir Ziele steckst und diese regelmäßig auf Erfolg (und Erreichbarkeit) überprüfst.

- Wofür lohnt es sich jeden Tag aufzustehen?
- Welche Träume hegst Du und welche Wünsche blieben bisher unerfüllt?

Solange du ständig für andere tätig bist, arbeitest Du für fremde Ziele. Mach dir täglich klar, dass Du dein Schicksal größtenteils in der Hand hast. Bei einer ungesunden Lebensform (beispielsweise durch das Rauchen oder den dauerhaften Verzehr von fettigen Speisen) brauchst du nicht davon auszugehen, dass Du im Alter fit und vital bist. Dein Körper braucht gesunde

Fette, ausreichende Mengen an bestimmten Vitaminen und Mineralstoffen. Deine Gelenke und Muskulatur benötigen dringend Bewegung. Die besten Erlebnisse hat man auch nicht Zuhause, sondern unterwegs.

Erinnere dich täglich an deine Ziele und versuche alles damit Du diese erreichst. Das Erledigen von Hausaufgaben oder das Lernen für eine Prüfung gehen deutlich effektiver von der Hand, wenn dir die Notwendigkeit bewusst ist und du die Dringlichkeit selbst bestimmst.

Analysiere deine Beweggründe und belohne dich nur für den erfolgreichen Abschluss einer Aufgabe oder Übung. Eine Belohnung dürfte zum Beispiel auch ein Kurzurlaub und ein zweiwöchiges Pausieren dieser Selbststudie sein. In Italien am Strand wollen Sie lieber die Sonne genießen, als an sich selbst zu arbeiten. Diese Auszeit ist mit größeren Abständen erlaubt.

Geheimtipp 1

Nicht zetern, sondern sofort anfangen! Alleine das darüber nachdenken, ob und wie eine anstehende Aufgabe bewältigt werden könnte, kann den einen oder anderen derart demotivieren, dass letztlich gar nichts passiert. Ein sofortiges Aufstehen und Loslegen bewirken wahre Wunder. Ist man einmal in den Arbeitsfluss gekommen, können auch weitere Aufgaben im Handumdrehen erledigt werden.

Geheimtipp 2

Erinnere dich an deine Unzufriedenheit, die eintritt, wenn du diese Aufgabe / Übung nicht erledigst. Das Bewusstmachen über die Konsequenzen des eigenen Handelns hilft auch zuverlässig.

Übung 2 - Die eigenen Schwächen kennen

Die **Selbstakzeptanz** ist mitunter der wichtigste Schlüssel für ein gesundes Maß an Selbstliebe. Sobald jemand ein verzerrtes Selbstbild von sich hat, weil ihm unter anderem sein Äußeres nicht zusagt (zum Beispiel dadurch an Magersucht oder Adipositas leidet) oder der Betroffene in seiner Kindheit viel Schmerz oder Misshandlung erfahren musste, ist die Selbstakzeptanz nur mangelhaft oder gar nicht vorhanden. Die soeben aufgezählten Umstände sind nur beispielhaft und nicht alleinige Voraussetzungen / Zustände, die für die eigene fehlende Akzeptanz verantwortlich sind.

Die Konfrontation mit der eigenen Fehlbarkeit (umgangssprachlich auch Menschlichkeit genannt) ist für das Erkennen der eigenen Schwächen förderlich. Beschäftige dich mit Fragen, die auf Dinge anspielen, die du nicht magst. In welchen Situationen fühlst Du dich unwohl und woran liegt das? Bei welchen Äußerungen fühlst du dich angegriffen / provoziert? Welche Umstände stressen dich und was magst du gar nicht sehen, hören oder lesen? Wieso kritisierst Du Menschen anstatt sie beziehungsweise ihr Verhalten zu tolerieren? Welche Aufgaben überträgst du gerne auf andere und wieso? Gibt es Unternehmungen, die du vermeidest?

Betrachte deine Schwächen, Macken, Mankos – wie auch immer du sie nennen magst – als einen festen Teil von dir. Fakt ist, dass du dir im Laufe deines Lebens so manches Verhalten angeeignet oder gänzlich übernommen hast, weil es deine Lebensumstände gefordert haben. Dein Denken und Handeln wurde maßgeblich geprägt und du hast jetzt die Chance deine schlechten Gewohnheiten abzulegen. Die Konfrontation mit den unangenehmen Dingen deines Lebens fördert deine allgemeine Akzeptanz und dein Verständnis für die (eigene) Fehlbarkeit und die deiner Mitmenschen.

Übung 3 - Die eigenen Stärken kennen

Deine nächste Aufgabe lautet: das eigene Potenzial finden.

- Auf welche persönlichen Eigenschaften bist Du besonders stolz? Kannst du deine Antwort auch begründen? Woher rührt diese Feststellung? Was kannst du besonders gut?

- Welche positiven Eigenschaften sagt man dir nach? (Bist du körperlich stark, künstlerisch talentiert, sportlich aktiv, poetisch veranlagt, besonders attraktiv, anderweitig anziehend, oder...?)

- Wann hat dir zuletzt welche Eigenschaft einen besonderen Vorteil verschafft? Welchen Erfolg konntest du verzeichnen?

- Welche persönliche/n Eigenschaft/en verschafft/en dir mehr Selbstvertrauen und Sicherheit? (beispielhaft körperlich stark oder besonders schlagwertig / eloquent zu sein)

- Gibt es Personen, die dich bestärken und / oder motivieren?

- Zu welcher Tageszeit bist Du besonders gut drauf? Welche Personen befinden sich in deinem Wirkungskreis? In welchen Umständen befindest Du dich in guten Phasen – an der Arbeit, in der Schule, im Verein, Zuhause oder im Supermarkt?

- Was tut dir besonders gut? (Sympathische Menschen um dich herum, das Nachgehen eines Hobbys / einer Vereinsaufgabe, Prime-Time, das Beraten in Lebensfragen von fremden Menschen oder was auch immer: Welche Tätigkeit füllt dich aus und in welchem Umfeld kannst Du deine Stärken am besten entfalten?)

Lenke deinen Fokus auf die positiven und beflügelnden Momente in deinem Leben und schaffe dir Oasen, die dich zur Ruhe kommen lassen. Freue dich über deine Gaben und vertiefe deine Interessen, um dich in den Dingen zu üben, die dir Spaß machen.

Übung 4 – Grundbedürfnisse kennen

Die Grundbedürfnisse eines Menschen sind hierarchisch aufgeteilt.

Stellt man sich eine Pyramide oder ein Eisberg vor, bilden die drei folgenden Grundpfeiler die größte (unterste) Ebene.

1. Körperliche Grundbedürfnisse. Dazu zählen die Fähigkeit frei Atmen zu können (saubere Luft); den Körper warm zu halten (Kleidung); jederzeit trinken und essen zu können; und über ausreichend Schlaf zu verfügen (Ruhe und Entspannung).

2. Sicherheit. Dazu zählt das Bewohnen einer Unterkunft; gesund zu sein; sich vor Gefahren schützen zu können; und in einer gesellschaftlichen Ordnung zu leben (Gesetze, Rituale).

3. Soziale Beziehungen. Vor allem dieses dritte Modul ist je nach Gesellschaftsform unterschiedlich ausgeprägt. Dazu zählen der Umfang

eines Freundeskreises; geführte Partnerschaften, empfundene (Selbst-)Liebe; Nächstenliebe, Sexualität, Fürsorge, Kommunikation) den untersten Teil dar.

Die Bedürfnisse ordnet man auch nach Dringlichkeiten auf. Die Reihenfolge: Existenzbedürfnisse (Nahrung, Wasser, Luft, Kleidung, Wohnraum) - Grundbedürfnisse (saubere Luft, sauberes Wasser und Nahrung, Schlaf und Geborgenheit) - Kulturbedürfnisse (kreativer Ausdruck, Bildung, Ästhetik) - Luxusbedürfnisse (luxuriöse Güter und Dienstleistungen, unbegrenzte Begierde). Beim imaginären Eisberg folgen auf das Fundament die Grundbedürfnisse, gefolgt von Kultur- und Luxusbedürfnissen.

Übung 5 - Positive Affirmationen

Notiere dir auf einem gesonderten Blatt die fünf größten Schlagwörter, die dir zu deinen Stärken einfallen. Mit bunten Textmarkern kannst du jedes einzelne Schlagwort hervorheben. Diese Notizen sollten von dir mindestens zwei Mal täglich gesehen werden.

Ab sofort gelten diese besonderen Eigenschaften zu deinen positiven Affirmationen. Sozusagen, wirst du im nächsten Schritt positive Sätze formulieren, die deine Stärken und besonderen Eigenschaften als dankbares Geschenk darstellen.

Es ist vorteilhaft, wenn du dir ernsthaft vornimmst diesen Sätzen Beachtung und Wertschätzung entgegenzubringen. Ein halbherziges Herangehen an diese Aufgabe führt zu keinem großen Erfolg.

Nehmen wir zum Beispiel die Gabe das Zeichnen zu beherrschen. Positive Affirmationen könnten lauten:

- Meine künstlerischen Fähigkeiten sind konkurrenzfähig
- Die Kunst ist meine Leidenschaft
- Ich lebe meine Passion
- Ich sehe das Leben in vielen Farben / bunt (nicht nur in Schwarz-Weiß)

Nachdem du deine fünf Stärken in kurze und prägnante Sätze zusammengepackt hast, kannst Du dir die größten drei Wünsche in derselben Art aufschreiben. Diese könnten lauten:

- Ich akzeptiere mich (mit allen Schwächen und Stärken)
- Ich liebe mein Leben
- Ich bestimme, ob es mir gutgeht

Wünsche mit großen oder luxuriösen Absichten gehören hier nur bedingt rein. Überlege dir (d)einen Fahrplan - welche Etappenziele musst Du berücksichtigen, ehe Du dein Ziel erreichen kannst? Für den Bau eines Hauses brauchst Du Startkapital, ein Darlehen und eine Vorstellung über die Wohnbereichsgestaltung. Für die absolute Selbstakzeptanz benötigst Du ebenfalls Etappenziele, die allesamt auf die Erreichung deiner Ziele ausgerichtet sind. Dazu zählen das Erkennen und Akzeptieren deiner eigenen Schwächen und Stärken, aber auch das zur Wehr setzen (siehe Übung 7). Diese Übungsreihe ebnet dir den Weg zu einem achtsameren Leben. Keine falsche Scham - bilde regelmäßig neue Affirmationen, die dich motivieren und darin bestärken weiterzumachen.

Übung 6 – Setz dich zur Wehr!

Der Selbstliebende unter uns tritt für seine Meinung ein und setzt sich gewissermaßen durch. Dieses selbstbewusste Auftreten ist kein alleiniger Garant für mehr Selbstliebe, aber es hilft ungemein. Lass dir künftig keine unbezahlten Überstunden aufdrücken (Achtung: Checke deinen Arbeitsvertrag auf Anfechtbarkeit) oder dich zu irgendetwas überreden worauf Du keine Lust hast. In den kommenden Wochen arbeitest Du nämlich nacheinander deine Prioritäten ab und wirst keine Zeit für unliebsame Gefälligkeitsarbeiten oder Unternehmungen haben.

Wenn das Verhalten von anderen Leuten zu wünschen übriglässt oder du dich durch etwas provoziert fühlst, darfst und solltest Du dich zur Wehr setzen indem Du deinen Mund aufmachst. Sage in kurzen und verständlichen Sätzen, dass es dir reicht und du dich nicht weiterhin zum Hampel Pampel (umgangssprachlich zum Idioten) machen lässt.

Desto einfacher dir das fällt, desto selbstsicherer bist du geworden. Dieser Vergleich ermöglicht dir die zuverlässige Erfolgsmessung – auch als Anfänger, wenn du dich ehrlich reflektierst (hinterfragst).

Wie alt warst Du, als dich jemand richtig aus der Fassung gebracht hat? Und wie alt warst Du, als du dich erfolgreich zur Wehr setzen konntest? Welche Entwicklungen hast Du bereits gemacht und worauf arbeitest Du hin? Deine Wünsche und Ziele sollten dir bewusst sein – immer und bestenfalls allgegenwärtig bekannt.

Etwaige Selbstverständlichkeiten gehören der Vergangenheit an – ab sofort überlegst Du dir genau, ob Du jemanden deine Unterstützung zusagst. Oftmals sind solche zusätzlichen Belastungen so umfangreich, dass die eigenen Bedürfnisse nicht befriedigt werden. Solche Situationen führen zu Unzufriedenheit und Frust. Dies gilt es künftig zu vermeiden.

Übung 7 – Fühl dich für dein Handeln verantwortlich!

Im Allgemeinen heißt es im deutschen Sprachgebrauch, dass wir nur für das verantwortlich sind, was wir sagen, aber nicht dafür, was andere verstehen. In der Übung

10 gehen wir kurz auf die Gewaltfreie Kommunikation ein, die verdeutlicht, dass eine angepasste Kommunikation in jedem Fall präventiv und deeskalierend wirkt.

Im Alltag bedeutet das so viel wie ein Versprechen nicht zu brechen, entsprechend parat zu stehen und dein Bestes dazu beitragen. An einer roten Fußgängerampel wartest Du vorbildlich, wenn auch Kinder diese Straßenstelle überqueren möchten. Im stockenden Verkehr fährst Du vorausschauend und gewährst anderen Verkehrsteilnehmern das Wechseln ihrer Fahrspur - auch, wenn es teilweise wirklich nervend ist, dass Drängler jede freie Lücke nutzen, um schnellstens von A nach B zu kommen. Im Großen und Ganzen trägt jedes Verhalten zu einer Konsequenz bei – daher solltest Du deine Entscheidungen bewusst fällen und großzügig sein.

Übung 8 – Jeden Tag eine gute Tat (Karma)

Vorweg sei gesagt, dass es täglich durchaus mehr wie eine gute Tat sein dürfen. Die Welt ist hässlich und braucht mehr (Nächsten-)Liebe. Dem einen oder anderen Leser wird diese Aufgabe nicht gefallen; dennoch ist sie eine wichtige Komponente, um den Egoismus einzugrenzen.

Eine gute Tat kann sein...

- In öffentlichen Verkehrsmitteln den Platz für andere Fahrgäste freizumachen (auch, wenn ringsherum freie Plätze sind)

- Bei der Überbrückung / beim Tragen eines Kinderwagens behilflich zu sein (auch, wenn dadurch die eigene Hose oder Jacke schmutzig wird)

- Älteren Herrschaften freundliche Unterstützung beim Überqueren der Straße oder beim Tragen der Einkaufstüten anbieten (bitte nicht aufdringlich wirken – es gibt viele Räuber und Betrüger, die sich mit einer solchen Masche das Vertrauen erschleichen. Es gibt jährlich viele solcher Zwischenfälle. Eine unfreundliche Ablehnung kann die Folge sein.)

- Ein verloren gegangenes Portemonnaie, einen Personalausweis oder einen Schlüsselbund bei der Polizei abzugeben

- Ein großzügiges Trinkgeld geben (10-15 Prozent auf den Zahlbetrag)

- Eine Spende für ein gemeinnütziges Projekt zu zahlen (beispielhaft für das örtliche Tierheim, die nächstgelegene Obdachlosenhilfe oder die Tafel)

- Mit dem Fahrrad zur Arbeit zu fahren oder Fahrgemeinschaften zu bilden (ergo Umweltbewusstsein stärken und sein Bestes dazu beitragen)

- Das Auto nur alle zwei Wochen zu waschen (anstatt wöchentlich)

- Lebensmittel mit abgelaufenem Verfallsdatum auf Essbarkeit überprüfen und nach Möglichkeit verspeisen (ergo den Überfluss in unserer Gesellschaft nicht ausspielen, sondern Ressourcen schonen)

- Ständig die Lichter auszuschalten und die Türen zu schließen, wenn man einen Raum verlässt (Nebenkosten / Ressourcen sparen)

- Danebenliegenden Müll in die entsprechenden Behälter zu werfen

- Keine Zigaretten oder Kaugummis auf die Straße zu schmeißen

- Vorhandene Einkaufstaschen bis zum Verfall zu nutzen (du kannst im Idealfall auf Jutebeutel umsteigen – die sind waschbar und langlebig!)

Diese Übungen sind kinderleicht umsetzbar und fördern unter anderem das Umweltbewusstsein. Der erweiterte Blick auf die umliegenden Gegebenheiten und wechselnden Situationen wirkt sich positiv auf dein

Gemüt aus. Im Laufe der Zeit wirst Du beobachten, dass jeder von uns sein Päckchen zu tragen hat – der eine fühlt sich zum Beispiel in seiner Haut unwohl, der andere befindet sich in einer Trennung oder ist auf der Suche nach ständiger Anerkennung durch Außenstehende. **Dein Schmerz ist also nicht der alleinige Schmerz auf dieser Welt**. Deine Bedürfnisse sind somit nicht die alleinigen Prioritäten deines Umfelds.

Die ältere Generation leidet unter Gebrechen und schwindenden Kräften (geringe Rente, Betrugsfälle, mangelnde Pflegekräfte), die junge Generation kämpft mit einer absoluten Reizüberflutung (äußerliche Oberflächigkeiten, Cliquen-Zugehörigkeiten, Ausbildungsangeboten, Leistungsdruck / richtige Entscheidung treffen). Die alltäglichen Interessen und Lebensinhalte könnten nicht unterschiedlicher sein. Umso wichtiger ist es, das Du dir mit diesem gesellschaftlichen Kontrast vor Augen hältst, dass auch Du eines Tages zu dieser älteren Generation gehören wirst. Kitzel an deinem Interesse für dieses Thema und setz dich mit den Problemen auseinander, die dir in wenigen Jahrzenten blühen könnten.

Übung 9 – Gewaltfreie Kommunikation (GfK)

Diese letzte Anwendung ist hervorragend für den selbstsüchtigen Leser geeignet. Dennoch kann diese Übung präventiv angewendet werden.

Der folgende Passus stellt eine kurze Einführung dar, um weitere Möglichkeiten für das Üben aufzuzeigen.

Versuch es Mal mit der friedlichen Konfliktlösung im Alltag!

Im Prinzip musst Du dir im ersten Schritt bewusstmachen, dass Du lediglich für deine Bedürfnisse verantwortlich bist, aber nicht für die von anderen Leuten. Dein Ziel ist es, so oft wie möglich deine eigenen Bedürfnisse zu befriedigen und dabei stets auf das Verständnis deines Gegenübers zu achten.

Das buchstäbliche aneinander vorbei reden wird zur Seltenheit und ermöglicht dadurch mehr Erfolg und verleiht mehr Durchsetzungskraft.

Formuliere künftig deine Forderungen in einfache Bitten (mit Erklärungen) um.

Wie wäre es hiermit?

Anstatt „Machst Du bitte das Licht aus?“ sagst Du „Da ich schon aus dem Raum bin, bitte ich dich das Licht hinter dir auszumachen.“

Richtig formuliert

- „Oh lecker, würdest Du mir bitte auch ein Sandwich belegen? Ich habe auch großen Appetit auf deine üppigen Sandwich-Variationen!“

- „Sollte ich mir Sorgen machen, weil Du im Straßenverkehr ziemlich flott unterwegs bist? Unfall-Fahrer leiden teilweise ihr Leben lang unter ihren Erlebnissen. Ich möchte nicht, dass dir das auch passiert."

- „Wie wäre es denn mit dem schwarzen Kleid von der letzten Party? Das hat dir so gutgestanden. Dieses Kleid ist zwar schön, aber es tut nichts für dich."

- „Oh, ich weiß nicht, ob ich das richtig verstanden habe, aber meinst Du, dass ich dir peinlich bin oder möchtest Du mir was Gutes tun?"

Falsch formuliert

- „Ich möchte / will auch ein Sandwich!"

- „Du bist ein Raudi! Kennst Du keine Verkehrsregeln? Rechts vor Links!"

- „Dein Kleidungsstil / Auftreten ist ganz schön peinlich!"

- „Was machst Du mich so blöd von der Seite an?"

Die Liste dieser „Übersetzungen" könnte man endlos fortführen. Im Endeffekt ist es wichtig, dass Du für dich eine neue Art der Kommunikation entdeckst und weiterentwickelst. Mit etwas Übung und täglicher Routine wird dir das leichtfallen, ziemlich sicher.

In der GfK wird von der so genannten Giraffensprache gesprochen. Das Giraffentier steht sinnbildlich für die Weisheit – also die Fähigkeit auch über den eigenen Tellerrand schauen zu können (durch den langen Hals). Die Giraffe kann ihre Wünsche (Bedürfnisse) in Bitten formulieren. Wobei der Wolf hingegen nur Forderungen formuliert.

Welche Voraussetzungen gibt es für die Giraffensprache?

Antwort:

- Du brauchst die **Gewissheit**, um Bedürfnisse zu erkennen (also ein ausgeprägtes Selbstbewusstsein, um Entscheidungen zu treffen – du solltest deinen Intuitionen trauen und dabei möglichst positiv denken).

- Damit du für deine Bedürfnisse einstehen kannst, brauchst du ein gewisses Maß an **Selbstempathie**.

- Im Vergleich brauchst Du genau so viel **Empathie**, um dich in die Situation deines Gegenübers hineinversetzen zu können.

- Mit der notwendigen **Selbstsicherheit**, um über die Dinge zu sprechen, die einen beschäftigen.

Zu guter Letzt kannst Du dir eigene Rituale oder Übungen ausdenken, die dir Spaß machen und die dich in Punkto Selbstliebe fördern.

Du kennst dich am besten – daher kannst Du dein bester Lehrer sein. Im Alltag bist Du jedoch Schüler und das bleibt unverändert. Betrachte das Leben als ein großes Abenteuer in dem dir täglich eine CHALLENGE gestellt wird.

Es werden künftig Tage kommen, an denen Du weniger Lust hast aus deinem Schneckenhaus herauszukommen – das sind die Tage, an denen Du besonders verletzlich oder schwach bist. Unerwartete Schicksalsschläge wie das Ableben eines geliebten Menschen, eine betriebsbedingte Kündigung oder andere stressbehaftete Situationen können einen schnell und dauerhaft aus der Bahn werfen. Der Clou deiner Selbststudie liegt darin, dass Du jederzeit selbst entscheiden kannst, ob Du fortlaufend studierst oder Lernpausen einlegst. Das Leben beziehungsweise die Zukunft ist nicht planbar, aber Du kannst jeden Tag selbst bestimmen, ob Du dich ärgern willst, trauern möchtest oder powervoll nach vorne preschen wirst.

Ich hoffe mein kleiner Ratgeber hat dir gefallen. In diesem Zuge möchte ich Dir auch zwei Kurse nahelegen. An diesen und weiteren Kursen und Seminaren habe ich selbst teilgenommen auf meinem Weg und kann zwei Kurse nennen, welche nachhaltig mir weitergeholfen haben. Im ersten Kurs (*http://bit.ly/selbstliebe4u*) Du lernst viele essentielle Qualitäten jeder lebendigen Beziehung kennen und vor allem auch die Beziehung zu sich selbst (*http://bit.ly/selbstliebe4u*). Im zweiten Kurs (*http://bit.ly/heilmethode_selbstliebe*) wird die stark auf die heilende Wirkung der Selbstliebe eingegangen (*http://bit.ly/heilmethode_selbstliebe*).

Bleib interessiert und wachsam.

Gutes Gelingen auf deinem weiteren Weg!

Rechtliches und Impressum

Die Inhalte dieses Buches wurden anhand von anerkannten Quellen recherchiert und mit hoher Sorgfalt geprüft. Der Autor übernimmt dennoch keinerlei Gewähr für die Aktualität, Richtigkeit und Vollständigkeit der bereitgestellten Informationen. Haftungsansprüche gegen den Autor, welche sich auf Schäden gesundheitlicher, materieller oder ideeller Art beziehen, die durch die Nutzung oder Nichtnutzung der dargebotenen Informationen bzw. durch die Nutzung fehlerhafter und unvollständiger Informationen verursacht wurden, sind grundsätzlich ausgeschlossen, sofern seitens des Autors kein nachweislich vorsätzliches oder grob fahrlässiges Verschulden vorliegt. Dieses Buch ist kein Ersatz für medizinische und professionelle Beratung und Betreuung.

Dieses Buch verweist auf Inhalte Dritter. Der Autor erklärt hiermit ausdrücklich, dass zum Zeitpunkt der Linksetzung keine illegalen Inhalte auf den zu verlinkenden Seiten erkennbar waren. Auf die verlinkten Inhalte hat der Autor keinen Einfluss. Deshalb distanziert der Autor sich hiermit ausdrücklich von allen Inhalten aller verlinkten Seiten, die nach der Linksetzung verändert wurden. Für illegale, fehlerhafte oder unvollständige Inhalte und insbesondere für Schäden, die aus der Nutzung oder Nichtnutzung solcherart dargebotener Informationen entstehen, haftet allein der Anbieter der Seite, auf welche verwiesen wurde, nicht aber der Autor dieses Buches.

1. Auflage

DiGi Generation GbR
Im Ebertswinkel 9
64625 Bensheim

Vertretung: Dr. Özgür Dagdelen, Torben Gebbert

E-Mail: hallo@digigeneration.de

46871636R00107

Printed in Poland
by Amazon Fulfillment
Poland Sp. z o.o., Wrocław